襲撃

裏社会で最も恐れられた男たち

大下英治

青志社

まえがき

私にとって、少年時代のヒーローは、多くの少年がそうであったように、プロレスの王者力道山であった。彼がストロングタイプのルー・テーズや怪物タイプのフレッド・ブラッシーのような外人レスラーを空手チョップでバッタバッタと倒す姿をテレビで見ながら、血を躍らせたものである。私の中の日本人魂を初めて意識されたものである。私の中の日本人魂が、力道山といっしょになって空手チョップで外人たちを打ち倒していた。

私が大学受験のため広島の夜間高校に通っていた十九歳の昭和三十八年の十月八日、力道山が刺された、というニュースを聞いて、私は信じられなかった。

〈あの強い力道山が、刺されるなんて……〉

しかも、まもなく死んだと聞き、あらためて思った。

〈力道山が刺されるなんて、いったい何が起こったのか。力道山を刺し死にいたらしめるなんて、どんな男が刺したのか……〉

私は『力道山の真実』の取材をスタートさせた時、なんとしても、力道山を刺した村田勝志本人から直接にその真相を訊き出したかった。

が、小林楠男率いる大日本興行（現住吉一家小林会）の村田組村田勝志組長は、その事件について口を閉ざし続けていた。相手はやくざである。いまさら口を開いてもらうことは到底無理であろうと思っていた。

が、私は、執拗にその糸口を探し続けた。

偶然、わがふるさと広島出身の総会屋、いわゆる「広島グループ」の日本最大の総会屋「論談」の正木龍樹も取材していて、その縁から、村田組長に真相を語ってもらうことができた。「論談」は、いざの時、大日本興行の世話になっていたのだ。

なんと、村田組長は、村田組の秘密の金庫から、力道山を刺した事件の裁判記録まで取り出してくれた。

「この裁判資料は、女房にも子分たちにも見せたことはない」

その資料に沿って、まるでその現物が眼の前で再現されるかのように細かく語ってくれた。

「週刊新潮」に一年間美空ひばりの半世紀を連載した。その時、いかにひばりと田岡一雄山口組三代目組長の繋がりが深かったかを知らされた。ひばりは、山口組の「神戸芸能」の看板スターだっただけでなく、ひばりの興行が、山口組が全国制覇するために、その地方の組と盃を交わしていく武器となっていたこともわかった。

それを象徴しているのが「美空ひばりと田岡一雄襲撃事件」である。反山口組を標榜していた山村組が、美空ひばりの興行を広島で打つ機会を狙って山口組三代目の田岡一雄組長を襲撃する手筈になっていた。田岡組長は、ひばりの興行にはほとんど付いて行っていたのだ。山村組は、ヒットマンに命じていた。

「もし田岡組長が付いてきてなかった場合は、田岡の代わりにひばりを襲え」

私は「広島やくざ戦争」を書いていたので、共政会副会長を通じ、その事件の真相を知る当時者の広島県尾道市に本拠を置く森田組の森田幸吉組長に、ナマナマしく語ってもらった。

この襲撃事件は、田岡組長の判断で幸い未遂に終わったが、もし実行され田岡組長と美空ひばりという二大巨人を失えば、日本のやくざ界、芸能界が激変していたことであろう。

その広島で行なわれた襲撃事件を、今回七本も入れている。

私は、昭和十九年六月七日に広島に生まれ、一歳の時の昭和二十年八月六日、広島で原爆に会った。オヤジは爆心地のド真ん中にいて死んだ。私は爆心地から少し離れた場所にいてかろうじて命は取り止めることができた。

実は、「仁義なき戦い」がヒットしたように広島のやくざの戦いがダイナマイトまで登場して火を噴いたのは、この原爆に深い関わりがある。原爆により、戦前からの大物親分たちが多く死んだ。そのため、新しく力を持った者が勝利者となるいわゆる「下克上」が起こったのである。

その下克上に加え、打越会が神戸山口組と、敵対する山村組が、こともあろうに山口組と同じ神戸に本拠を置き山口組と戦っていた本多会と手を組んだのだ。そのため、広島が、山口組と本多会の代理戦争の戦場と化してしまったのだ。

私は、のち広島一本化のため結成された共政会の三代目山田久会長を中心にした「広島やくざ戦争」を書いた。

広島戦争は、ついに山口組田岡一雄邸のトイレにダイナマイトまで仕掛けて爆破している。

もっとも凄まじい襲撃は、山田会長が三代目会長に就任する時、それに反対するメンバーに襲撃された事件である。

側近一人を射殺され、山田会長も胸に縦断を受け傷を負ったまま、広島に帰り、襲名披露を行なった。広島では、山田会長が彼の兄弟分を殺害する襲撃事件、山田会長の妻の弟で共政会幹事長の暗殺事件などナマナマしい襲撃事件が続く。

いっぽう東京渋谷を中心に組織を広げていった愚連隊安藤組の安藤昇組長にまつわる襲撃事件を取り上げた。

安藤昇組長とは、私が週刊文春時代、横井英樹襲撃事件の取材を通して知り合った。

私が安藤組長を取材した時は、すでに安藤組を解散し、東映の映画スターとして人気を得ていた。若いころ、台湾人に左頬を斬られ、安藤昇のトレードマークと見なされていた傷跡がナマナマしかった。

評論家の大宅壮一は、安藤に色紙を頼まれ、安藤の左頬の深い傷を見ながら「男の顔は履歴書」と書いた。

安藤組では、横井英樹事件は有名になりすぎていたので、安藤組でも特に恐れられていた花形敬を仲間が襲った事件、さらにその事件では命は取りとめたものの、東声会に襲撃されついに命を散らした襲撃事件を加えた。

その事件について安藤昇の子分で、のち稲川会に移り、さらに大行社二代目会長となる三本菅啓二は語っている。

「いくら腕のたった花形敬も、東声会に組をあげて狙われたら、防ぎようがない」

渋谷を中心に力を持っていた安藤組であったが、稲川会の勢力拡大の前に、安藤組の幹部西原健吾が襲われ射殺される。

横井英樹襲撃事件でムショから帰った安藤組長は、それを機に「これ以上、死者を出すのはしのびない」とついに組を解散する。その後、映画俳優に転身する。やくざの世界で伝説的スターであったが、俳優としてもスター的存在であった。特に高倉健などのやくざ映画に出演し、黙っていても本物の重々しい雰囲気を漂わせ、貴重な存在感を示した。

私は、その稲川会の稲川聖城総裁をモデルにした『修羅の群れ』を上梓し、東映の松方弘樹、鶴田浩二、菅原文太、北大路欣也などオールスターキャストの映画『修羅の群れ』に結実した。

北九州市の工藤会と敵対する草野一家との戦いが火を噴いた。

九州やくざは、極めて好戦的である。強烈な反警察志向。容易《ようい》に激高する。手段としての闘争ではなく、闘争行動それ自体に価値を見出す、などの傾向がある。それゆえ戦いはエスカレートするばかりであった。

その戦いを収め、両者に手を握らせたのが稲川聖城総裁であった。

それゆえ、昭和六十二年をもってついて工藤会と草野一家は合併。それまでの工藤会から工藤連合草野一家へ名を変え、草野一家の総長であった草野高明が当代の総長に就任。やがて若頭であった溝下秀男が平成二年に三代目を襲名。

平成二十四年には「今、最も先鋭的な武闘派組織として知られる団体」と報じられた。反山口組の旗手としても知られ、九州地方の独立組織でつくる「四社会」という親睦団体を道仁会、太州会、および熊本會とともに結成している。

やくざに加え、行動右翼の襲撃事件も加えた。長崎市長本島等銃撃事件も、多くの行動右翼の行動指針である「天皇問題」に端を発している。

昭和六十三年十二月七日、長崎市長として三期を務めている本島等が、開会中の長崎市議会で口走った。

「天皇にも戦争責任があると思う」

本島市長は、さらに続けた。

「外国の記述を見ても、日本の歴史家の記述を見ても、私が実際に軍隊生活をおくった体験からしても、天皇の戦争責任はあると思います。しかし、日本人の大多数と連合国側の思いによって（責任を）免れ、新憲法の象徴となった」

しかも本会議終了後、この答弁に関する質問が記者から出た時に答えた。

「天皇が重臣らの上奏に応じて終戦をもっと早く決断していれば、沖縄戦も、広島・長崎への原爆投下も、なかったのは明らかだ」

正氣塾の若島和美は本島市長を撃つに当たって、殺す気はまったくなかったという。

「本島市長には、死んでもらっては困る。生き延びて謝罪をさせなければならない。失敗すれば、俺も死ぬだけ。これが本島市長への俺の『天誅』であった」

若島は、そこで、本島市長の肩を狙って引き金を引いた。しかし、弾丸は肩を外れた。その下の肺を貫通してぽろっと外に出てきた。本島市長は呻きながら、その場にうずくまった。

若島は、思わず本島に声をかけた。

「市長、大丈夫か?」

答えはない。

若島は、市長の乗る車に駆け寄った。生きて「あの発言は、日本人として、人間として間違いでした」と言ってほしかった。

矛盾していると思われるかもしれないが、もしそのまま死なれると、本島市長は「悲劇の英雄」になってしまう。

若島に、殺意はなかった。だが、本島市長が絶命するようなことがあれば、若島は自ら命を絶つつもりだった。現に殺しの道具である拳銃は所持しているのだ。弾丸は一発しか使っていない。弾倉にはあと四発残っている。その気になれば、いつでも自決は可能だ。

若島は、拳銃を胸にしまいこみ、現場から素早く離れた。

「河野一郎邸焼討事件」「経団連会館襲撃事件」などを起こす野村秋介と私は、「アサヒ芸能」の平成三年十二月五日号の「大下英治の斬り込み対談」で初めて会い、対談した。

私は、多くの行動右翼に取材しているが、野村ほどダンディな雰囲気の人物はいなかった。赤味の強い茶のマフラーが実によく似合っていた。右翼というより俳人としての雅さがあった。

なお、私は、野村の「俺に是非を説くな　激しき雪が好き」の句が好きであった。

野村は、平成四年七月二十六日に参院選比例区に立候補した。選挙期間中に発売された「週刊朝日」の巻末は毎号、漫画家山藤章二によるブラックアングルという風刺画が載る。平成四年七月二十四日号も巻末を飾った。

その号は、野村の「風の会」を揶揄する内容であった。イラストでは、『参議院比例区　風の党』という看板の「風」の文字の左側が白抜きになり、あたかも「虱《しらみ》」のように見える。選挙期間中の、特定政党に対する中傷ということから、野村は、朝日新聞社に対する抗議の姿勢を強めた。結局、実際の『風の会』の得票は、二二万一六六〇票で落選であった。野村の怒りはおさまらなかったようだ。

平成五年十月二十日午前十一時四十分頃、野村秋介は、十八歳になる息子の勇介を伴って朝日新聞本社に到着した。

応対した朝日側の出席者は、中江利忠社長、橘弘道出版局長、穴吹史士『週刊朝日』編集長、山本博昭読者広報室長、蒲宏樹同副室長ら六人であった。

野村は、抗議の途中で朝日側の人間に訊いた。

「皇居は、どちらになりますかね」

朝日側の人間が振り向いた窓の方向に、野村が歩いて行った。

野村は、声を張り上げて叫んだ。

「皇尊（すめらみこと）、弥栄（いやさか）！」

「皇尊弥栄！」

「皇尊弥栄！」

続いて古澤に命じた。

その後、一瞬の間をおいて、野村は「ターッ！」という気合をいれ、胸部にあてた二丁の拳銃の引き金を同時に引いた。

パン！

さらにもう一度、乾いた銃声が応接室にひびいた。

パン！

かすかな呻き声とともに、野村の上体が崩れ落ちた。

銃声は二回だったが、野村の体に撃ち込まれた弾丸は三発。最初の銃声は、両手の拳銃を同時に発射したものだった。

腹部を貫通した弾丸が背中から飛び出すのが、同席者に目撃されたという。

午後零時三十七分のことであった。

野村は、次のような遺書を残していた。

『朝日は最後まで逃げた。ここまでくれば、民族派として、また一日本男児として節義をまっとうする以外にない。また、わたしの闘いの人生もこの辺が潮時だろう。さらばです。

惜別の銅鑼《どら》は

野村の門下生で野村の大悲会を受け継いでいた蜷川正大は、野村から常々〝相討ち〟の思想を聞いていた。

「巨大な権力や大きな敵と喧嘩をする時は、〝勝とう〟と思うと必ず心に隙ができる。〝相討ち〟でいいんだ。〝相討ち〟なら、大きいほうがダメージが大きいからな。特攻隊だってそうなんだ。だから、〝相討ち〟の思想なら、相手が拳銃を構えたって、ドス一本で戦えるんだ。巨大な権力と戦うときはそれでいいんだ。おれは、それを禅をやりながら学んだ」

また、野村は、相討ちと自己犠牲がセットだとしていた。

「自分の犠牲を伴わない運動は、おれたち一門は絶対に駄目だ。助かろうというのは駄目だ。結果的に助かるのはしょうがないが、命懸けのことをやれ」

野村は、門下生の蜷川正大に常々言っていた。

「行いを言葉としてとらえなければいけないんだ。特に、三島由紀夫さんは、あの行いを行動ではなくては、文学者だから、言葉として発したのではないか。だから、民族派の行いというのは、言語、肉体で言葉を発する、肉体言語、というふうに位置づけなければいけないんだ」

野村が言う「肉体言語」は、自身の死を以《もっ》て若い世代にも伝播《でんぱ》した。

そういう意味では、三島由紀夫と野村秋介は、共振や共感を呼び起こす二大振源地と言えるのかもしれない。

十五の襲撃事件を書きながら、彼らからすごく日本的な縦社会と義を貫く姿勢を深く感じた。

二〇一九年九月

大下英治

襲撃　目次

装丁・本文デザイン　岩瀬聡

時を超えて明かされた「力道山刺殺事件」の驚くべき真相

昭和三十八年十二月八日の夜十時ごろ、ＴＢＳを出た力道山は、赤坂の高級ナイトクラブ「ニュー・ラテンクォーター」に行った。

この日力道山は、ひさしぶりの酒で、したたかに酔っていた。

このクラブは、乗っ取り屋で有名な横井英樹の経営するホテルで、のちに大火災を起こすホテルニュージャパンの地下にあった。

ルイ・アームストロング、ナット・キング・コール、ダイアナ・ロス、サミー・ディヴィス・ジュニアなど世界的に有名な歌手まで招聘していた。

力道山は、相撲取りとして関脇まで昇進するが、自ら髷を切り廃業し、プロレスラーに転向。アメリカに渡ってホノルルで猛特訓を受ける。

帰国し、プロレスの大ブームを起こす。空手チョップを生み出し、外人プロレスラーをバッタバッタと倒すテレビでの姿は、日本中を興奮させた。日本のスーパーヒーローとして子供たちにまで仰がれていた。

が、私生活では暴れ者として知られ、ヤクザの世界では、力道山について盛んにささやかれていた。

「力道山の野郎、いつか、必ず殺られるぜ」

一番弟子のレスラー豊登は、知り合いの占い師に、奇妙なことを言われていた。

「力道山に、気をつけろと言っておきなさい。おなかの中に、金属のようなキラキラするものが見えます」

が、そんなことなど、力道山に言えるわけがなかった。

空は、薄曇りであった。死を示唆する言葉は、いくらでも力道山の周りを飛びかっていた。

ニュー・ラテンクォーターのテーブルにつくと、力道山は酒をあおった。ステージでは、クラブ・リキの常連である海老原啓一郎のバンドが演奏していた。力道山は、すっかりリラックスし、コースターをつかんでは、ステージのバンドに投げたりした。

同席していたのは、リキ観光専務のキャピー原田、リキ・エンタープライズ専務の吉村義雄、リキ・スポーツパレス常務の長谷川秀雄をはじめ、総勢八人だった。

「踊ってくる」

力道山は、ホステスをつれて立ち上がった。上機嫌で踊り狂った。

バンドの演奏が終わると、力道山はホステスと肩を組んでトイレに向かった。直美というホステスだった。

当時、小林楠男率いる大日本興行（現住吉一家小林会）組員であった村田勝志が、横井英樹の経営する銀座の美人喫茶「レディースターン」のホステスふたりをつれて、ニュー・ラテンクォーターにやって来たのは、十時四十分のことであった。

村田が彼女たちとしばらく談笑し、トイレに立ったのは、力道山がトイレに立ってまもなくの十一時十分だった。

昭和十四年四月一日、茨城県土浦市に生まれた。当時二十四歳であった。中学時代から番格を務め、握り拳にカミソリを挟んで相手を殴るスタイルから「カミソリ村田」と恐れられた。上京して住吉一家に入り、大日本興行の構成員となる。のちに、住吉会常任相談役、住吉一家小林会理事長、村田組組長にまで出世する。

この村田が力道山を刺すことになるわけだが、村田はそのいきさつについてマスコミには沈黙を守り続け決して語ることはなかった。

私は『日本最大の総会屋「論談」を支配した男』という本を上梓し、その論談の正木龍樹会長を通じ、村田を紹介してもらった。

実は、小林会は「論談」を背後で支えていたのだ。そういう深い関係から、村田と懇意で、その村田を私に紹介してくれたのだ。

私は村田の事務所を訪ね、村田に会った。

「力道山を刺した男」と言うからには、力道山と張り合えるようなひどく逞ましい男を想像していたが、一七七センチ、八〇キロというやや逞しい体つきで、意外であった。が、負けん気の強そうな闘志に満ち満ちていた。

村田は、正木会長の紹介だから、と初めて口を開いてくれた。

「女房にも、子分にも見せたことはない」

村田はそう言うや、村田組の組事務所の金庫から力道山刺殺の裁判資料を出し、それを見せながら、細かく語ってくれた。

村田は、のちにもこの事件について語ることはなく、村田が唯一打ちあけた証言を元に話を続けていく。

村田が、事件のきっかけを語る。

「ショーがはじまって、おれはトイレに立った。そうしたら、トイレの入口まえのロビーで、力道山がホステスと立ち話をしていた。おれも知っている直美というホステスだった。あとでわかったことだけれども、そのとき力道山は、直美を口説いていたんです。一生懸命口説いてたんだけども、ふられてしまった。ちょうどそこに、おれが通りかかった」

酔いも手伝って、力道山はむしゃくしゃしていた。村田が、その力道山と交差する。ニュー・ラテンクォーターのトイレの入口は狭かった。わずか八八センチの幅しかなかった。そこに胸囲一三〇センチの力道山と、女が立っている。

村田は、力道山のうしろを通りぬけようとした。そして、通りぬけた。トイレの前室の手洗い場に入った。そのとき、いきなり背後から襟首をつかまれた。

「ひとの足を踏みやがって、おい、この野郎！」

とっさに村田は、ふり向いた。力道山だった。踏んだ感触などなかった。

「踏んだおぼえなんか、ねえよ」

「この野郎、ぶっ殺すぞ！」

ふたりは、向かい合った。村田は、力道山の酒癖が悪いのを、聞き知っている。ふところの中に手を突っこんで、来るならこいとばかりに睨みつけた。

「殺せるもんなら、殺してみろ！　原っぱの真ん中じゃあるまいし、てめえみたいな図体のでけえのが突っ立ってれば、ぶつかってもしょうがねえだろう！」

村田は、力道山とは何度も面識があった。つい半年前の力道山の結婚式には、死んだ兄貴分の代理で出席していた。そのまえにも、この赤坂で力道山の車とすれ違ったときに、カッとなった力道山に追いかけられて、喧嘩寸前までいった。

村田が懐中に手をやると、力道山はにわかに態度を変えた。

「おい、仲直りしようじゃないか」

村田は、もはやあとに引くことなどできなかった。

「冗談じゃない。ひとまえで、ぶっ殺すとまで言われて、はいそうですかと言ったんじゃ、おれも飯が食えない。おれの顔の立つようにしろ！」

「なんだと、この野郎！」

力道山の右の拳が、捻りをあげた。村田の顎に叩きつけてきた。村田は吹きとんだ。
二、三メートル宙を泳ぎ、トイレの壁にもんどり打って叩きつけられた。
村田の顎は、のちのちまで、その後遺症でガクガクしていたほどだった。空手チョップの名人の鉄拳は、すさまじい破壊力であった。

村田は、床にうつぶせに倒れた。

力道山は、さらにその上から馬乗りになった。村田の頭を、両手で目茶苦茶に殴った。

「殺される、と思いました。自分の命を守らなければ、と思いました。というのも、プロレスラーには以前、手酷い目にあっていたからです」

その前年の二月、村田は来日していた黒人レスラー、リッキー・ワルドーと、壮絶な喧嘩を演じていたのである。


六本木の「シマ」というクラブだった。村田は銀座のホステスと、その店のテーブルにすわっていた。女がトイレに行っているあいだに、リッキー・ワルドーともうひとりの白人レスラーがやって来て、女の席にすわりこんだ。

「ゲラウト・ヒア。ここは、友だちの席だ」

村田はそう言って、煙草を吸おうと、ふところに手を入れた。そのとたん、リッキーが村田の顔を、いきなり殴ってきたのである。

「おれが拳銃でも取り出すんじゃないかと、勘違いしたんでしょう」

リッキーは、そのまま外に逃げた。村田はカウンターから洋食ナイフを取り上げるや、あとを追って外に出た。外で向かい合った。

もうひとりの白人レスラーが、

「ヘイ、リッキー」

と丸太ん棒を、投げてよこした。リッキーは、丸太ん棒をつかみ、村田を睨みつけた。

「カモン・ジャパニーズボーイ！」

「カモン・ブラックボーイ!」

リッキーが丸太ん棒を振り下ろしてきた。村田の頭が、鈍い音をたてた。丸太ん棒が、まっぷたつに折れた。同時に村田は、リッキーの腹を刺した。が、ベルトに阻まれた。殴り合いになった。村田のパンチは、鍛えぬかれたレスラーの肉体には、通用しなかった。反対に二本目の丸太で、またしても頭を、いやというほど殴られた。丸太はまたも、折れた。リッキーは重いパンチを、容赦なく村田の顔面に叩きこんできた。そのたびに村田は宙を舞い、路上に叩きつけられた。顔は原形をとどめていなかった。異様に変形し、腫れ上がった。

殺される、と思った。が、喧嘩の騒ぎを聞きつけて、六本木に飲みに来ていたヤクザ者たちが見物に来ている。逃げるわけにはいかなかった。村田は死を覚悟した。通報でやって来たパトカーに、ようやく救われた。

じつは、このとき村田は、相手がレスラーだとは知らなかった。あとになって知り、組の先輩が力道山から、おとしまえをとってきた。力道山とは、さまざまな因縁があったのである。

いま、ニュー・ラテンクォーターのトイレの床で、狂気にかられたような力道山にくみ伏せられ、背後から頭を殴りつけられている村田には、二年近くまえのリッキー・ワルドーの恐怖がよみがえっていた。

〈やばい……このままじゃ、殺される！〉

思わず、腹をまさぐった。硬質のグリップが、指にふれた。ベルトにさしてある登山ナイフであった。

ドイツのゾーリンゲン社製のナイフである。グリップが、象牙でできている。拳銃のグリップのように、ゆるやかに湾曲している。まだ、使用したことがなかった。

村田は、刃渡り一三・五センチの登山ナイフをぬいた。うつぶせになりながら、上体だけを力道山に向かってひねった。左の下腹部に突き立てた。

「刺した感触はありました。これはナイフの根元まで入ってるな、と思った。まえに何人も刺してるから、わかります。下から刺すと、力道山は飛ぶようにしてうしろに下がり、立ち上がった」

力道山は、刺された左下腹部をおさえて、身がまえた。血はセーターから染み出してはいなかった。村田も立ち上がり、力道山と対峙した。足元に、ナイフの鞘がころがっていた。拾い上げたかったが、あきらめた。身をかがめたとき、蹴り上げられると思ったのだ。

が、力道山には、もはやそんな余力は残っていなかった。刺されたことで、精神的に深い衝撃を受けていた。村田はそれをさとると、突っ立っている力道山の脇をすりぬけ、外に出た。手に握ったナイフを見ると、刃の根元までべっとりと脂がついていた。背広の内ポケットにしまった。

長谷川秀雄は自分の席から立ち上がった。力道山はトイレのまえで、ホステスとなにやら話をしている。力道山のために、手拭きのタオルを取りに行った。力道山の身の周りの世話をするのが、長谷川の仕事でもあった。

長谷川はトイレに引きかえして、はじめて異変に気がついた。力道山が、トイレのまえのロビーにへたりこんでいたのである。

通りかかったボーイに、鋭く言った。

「おい、ヨッちゃんを呼んでくれ！」

そのとき、グレーのスーツ姿の若い男が、トイレから飛び出してきた。ほとんど走るように、地上に出る階段を上がっていった。

顔が紫色に腫れあがっていた。あきらかに、暴行を受けたことがわかった。

どうしたのか、と思った。吉村があとを追って、長谷川のまえを駆けぬけた。長谷川も走った。

男には、見覚えがあった。

〈小林さんところの、かっちゃんじゃないか……〉

知らぬ仲ではないので大丈夫だろうと、吉村にまかせることにして、長谷川はロビーにもどった。力道山は、仁王立ちしていた。

「大丈夫ですか！」

力道山は、返事をするかわりに、ゆっくりと毛糸の細かく編んだセーターをめくった。

左の脇腹から、血が出ていた。噴き出ているというわけではなかった。

長谷川は、蒼くなった。

「刺されたんだ、と思いました。そのとき、力道山はどうしたと思いますか。何を思ったのか、いきなり私の頰を、平手で殴ってきたんです。吹き飛ばされそうになった」

それが、長谷川が力道山に殴られた、最初にして最後となった。

「刺されたことが、よほど悔しかったんでしょう。これでもう、プロレスができなくなるかもしれない、と思ったんでしょう」

と長谷川は回想する。

「病院に行きましょう!」

長谷川は、力道山に向かって叫んだ。

「大丈夫だ」

負けん気の強い力道山は、部下の前で意地をはった。刺された左腹部が痛むに違いないのに、わざわざ左腕を上げようとしてみせた。

聞きわけのない力道山を抱えて、長谷川は席にもどった。しばらくテーブルのそばに突っ立っていたかと思うと、いきなりステージに走りだした。

ステージでは、黒人のグループが演奏していた。力道山は、歌手のマイクを横から奪うや、英語と日本語のまじった目茶苦茶なしゃべり方で、客席に向かって吼えた。

「みなさん、気をつけてください! この店には、殺し屋がいます! 早く帰ったほうがいいですよ!」

「この店は、おれを殺す男を出入りさせてるのか!」

支離滅裂に叫んだかと思うと、マイクを投げ捨てた。

力道山は刺されたまま、十五分近く店内にとどまった。

ようやく車が来た。長谷川ら側近たちは、力道山をつれて地上に上がった。車に乗りこむや、長谷川が言った。

「先生、前田外科に行きましょう」

前田外科は、赤坂にある外科の一流病院だ。が、力道山は、いやがった。

「だめだ、このことが表に出ると、まずい。山王病院に行け」

力道山は、ひとを信用しない。山王病院の長谷院長は、力士時代からの贔屓であった。自分のことをよく知っている長谷院長に、診てもらいたい。だが、山王病院は、産婦人科専門なのである。車は山王病院に向かった。

いっぽう力道山の側近である吉村義雄は、村田勝志に追いついた。

「どうしたんですか」

村田の変形した顔を見て、驚いたようだった。

「手洗いに入ったら、おたくの先生が因縁つけてきて、いきなり喧嘩になった。ごらんのとおり、めちゃくちゃにされたんで、力道山を刺した……。元まで入ってるから、すぐ病院につれていかないと、ろくっちゃうよ」

ろくる、とは、南無阿弥陀仏の六の字からお陀仏になる、つまり「死ぬ」という意味である。

吉村のことは、よく知っていた。リッキー・ワルドーにやられて入院したときも、見舞いにきてくれた。そのほか、いろんなことで顔を合わせている。知っている同士だから、吉村にそんなことが言えた。

力道山は山王病院に行くや、突然暴れだした。試験管やフラスコ、薬箱など手当たりしだいに投げては割り、ベッドまでひっくり返して荒れ狂った。悔しくて仕方がなかったのだろう。

側近たちは、ひとまず家に連れもどった。「前田外科に行きましょう」と説得した。素人眼にも、手術が必要だとわかった。

が、力道山は言い張った。

「おれは、腹なんか切らないぞ。腹を切ったら、力が入らなくなる。レスリングができなくなるじゃねえか！」

いっぽう力道山を刺した村田勝志は、渋谷区伊達町の小林楠男の家に帰り、自首するために、洗面道具などを用意した。そこに、吉村義雄から電話があった。

「小林の兄貴に、村田を自首させないでくれ、と言ってきたんです。うちのほうで全部もみ消すから、自首はさせないでもらいたいと。そして、いま力道山が山王病院に来ているから、病院のほうに来てくれ、ということでした。刺してから、けっこう経ってたんじゃないですか。力道山を刺したのが、十一時十分すぎ、小林の兄貴、私、それに若い衆ふたりと運転手で病院に行ったのは、午前零時をとっくにまわっていた。しかし、病院についたら力道山はいなくなっていた」

病院の人間に訊くと、リキ・アパートに帰ったという。彼らは、リキ・アパートに向かった。赤坂台のリキ・アパート周辺には、すでに力道山が刺されたことを聞きつけて、力道山とつながりの深い東声会の面々が集まっていた。力道山は、東声会の最高顧問であった。

小林が、力道山の部屋専用のインターホンで、謝罪に来たことを告げると、

「小林さんだけ、上がってきてください」

と側近のひとりが言ってきた。

「村田の顔を見ると、先生が興奮してしまいますから」

小林だけが、八階に上がった。力道山のまえに出ると、

「申し訳ない。村田のやったことは、おれが責任をとる」

と頭を下げた。

力道山は、とぎれとぎれに、声をしぼりだした。

「うん、うん……わかったよ……うん」

その間、下の入口付近では、地獄絵図がくりひろげられていた。六、七人の東声会の面々が、村田を発見し、とりかこんだのだ。

「てめえ、このやろう！」

村田は、丸太で数回殴りつけられた。首から胸にかけて切られた。

東声会の兄貴格のひとりが、牛刀を振りかざした。肉を細かく切り裂く、肉屋専用の包丁である。村田の顔めがけて、切りつけた。

右の頬がななめにパックリひらいた。鮮血が噴いた。村田は、それでもぐっと我慢をしていた。謝りに来ているのにここでまた喧嘩になったのでは、兄貴の小林が困る。が、いっしょに来た友

人が刺されそうになったので、ついに我慢の緒を切った。

「なんだ、この野郎！」

村田は、背広のポケットにしまいこんでいた力道山を刺した登山ナイフを引きぬくや、相手に突進した。ずぶりと腹に突き刺さった。ゆっくりと崩れおちた。

「殺っちまった、と思いました。まちがいなく力道山のときと違って、狙いすまして突進したんですから」

村田は片手に握っていた木刀で、アパートの入口の明かりを、すべて叩き割った。暗くして、敵の視界をごまかすためだった。

東声会の面々は、殺気だった。村田に向かって押しよせようとすると、村田は木刀と登山ナイフをふりかざして叫んだ。

「こりゃあ！」

村田の修羅の形相に、彼らは思わず後退した。

騒ぎを聞きつけた赤坂署の警察官が駆けつけてきた。拳銃をぬき、村田に向かってかまえた。

「凶器を捨てろ、捨てなさい！」

拝命を受けて、わずか半年ほどしか経っていない、ほやほやの新米だった。銃をかまえたのはいいが、腰が引け、武者震いしている。村田は、彼に言った。

「おまえの拳銃には、タマが六発しか入っていない。おれたちを守れないだろう。まだ、兄貴が上に上がってるんだ。それに、こいつらはまだいっぱいいる。兄貴が安全な場所に逃げられたら、おれはあんたに捕まってやる。逃げも隠れもしないから、その銃をしまってくれ。危ないじゃないか」

「ほんとうに、おまえ、自首するか」

「自首する」

「じゃあ、住所と名前を言え」

村田は言った。警官は、銃をしまった。

小林楠男が降りてきた。そこへ東声会の親分が、話をつけにきた。東声会の若い衆が怒鳴った。

「おい村田！　うちの親父が来ているんだ。道具をしまえよ！」

大阪では拳銃のことをチャカというが、東京や広島では「道具」という。

その男は日頃から村田がよく知っている男であった。が、村田は言いかえした。

「冗談言うな。おれたちは、謝りに来たのに顔を切られたんだ」

東声会の若い衆は、ふところに手を入れながら、親分といっしょに前に出て来た。村田は、きっぱりと言った。

「親分さん、そこから一歩でもこちらに来なすったら、おれの命ととっかえさしていただきます」

小林を守るためだった。

背後から、小林の声がひびいた。

「村田、よせ！」

親分が言った。

「わかった。ふたりきりで、話をさせてくれ」

親分と小林の間で、とりあえず、この場はおさめようということになった。リキ・アパートの周辺は、ようやく落ち着きを取りもどした。

村田は、約束どおり警官にナイフと木刀をわたし、その場で逮捕された。刺された男は、肝臓までつらぬかれていたが、奇跡的に命をとりとめた。

さて、力道山は、わがままを通して、前田外科にはついに行かず、山王病院に行った。

聖路加病院から外科医が手術の執刀のため、やって来た。力道山は、いざ手術となると、外科医に懇願した。

「あまり大きく、切らないでください。大きく切られると、リングに上がれなくなる。それに、腹に力が入らなくなって、レスリングができなくなる」

小腸が四カ所、切れていた。手術は、無事に終わった。

「力道山刺される」の一報は、日本中を駆けめぐった。

「ゴッドハンド」で知られる空手界の王者で力道山に空手チョップも教えた極真空手の創始者の大山倍達は、ニュースを聞いてハッとした。

まさか、という気持と、やっぱり、という気持が交差した。

〈とうとう力道にも、天罰が下ったか……〉

そう思ったが、やはり気になって知らんぷりは決めこめない。

大山は、山王病院を訪ねた。

力道山は、意外と元気そうだった。

「大山さん、大したことないよ」

見ると、傷は小さく、本当に大したことはなさそうだった。が、小腸が四カ所切れていたという。

「大したことなければ、早く元気になってください」

それだけ言って、大山は帰ってきた。

が、力道山とは、二度と会うことはなかった。

力道山は、驚くばかりの回復をみせた。二日、三日も経ったころには、付き添いのためにやって来た秘書を怒鳴りつけた。

「村田のやろう、ぶっ殺してやる！」

そう吼えたかと思うと、

「なんだ、なんだ、おまえら。この年末の忙しいときに、病院なんて来るひまがあると思ってんのか。会社に行け！」

体の調子がよくなってくると、禁じられている水分をとるようになった。

「おい、リンゴをむけ。氷を食わせろ！」

腹部の手術をした場合、水分は控えさせられる。腹膜炎を起こす危険性があるからだった。

力道山の腹は、入院して五日目になると、ふくらんできた。痛みが出てきた。

六日目になると、耐えられなくなった。

「痛いよお、痛いよお」

長谷川秀雄は、あの力道山とは思えぬような声を聞いている。

十二月十五日、二度目の手術をすることになった。

手術室に向かうエレベーターのなかで、力道山は長谷川の腕をつかんできた。ニックネームで、彼の名を呼んだ。

「マイク、おれ、死にたくねえよ……」

それが長谷川の聞いた、力道山の最後の言葉となった。

手術は一応、成功ということだった。が、絶対安静、面会謝絶となり、手術から三、四時間後の午後九時五十分ごろ、力道山は息を引きとった。

死因は、穿孔性化膿性腹膜炎とされた。

力道山を刺した村田勝志は、入院先の病室で、知らせを受けた。はじめは、死んだのは力道山とは思わなかった。てっきりリキ・アパートの入口で刺した男だと思った。力道山と知って、はじめは信じられなかった。

村田は、それから毎年、十二月十五日の力道山の命日になると、大田区池上にある本門寺の力道山の墓所に参っている。ただし、村田が行くのは、命日のその日ではない。翌十六日である。命日に集まってくる人目をさけて、たったひとりで、こっそりと参るのである。

力道山の死因については、さまざまな憶測がなされた。水が飲みたくて、花瓶の水を飲んだ。

あるいは、酸素吸入の管を自分でひきちぎった。きわめつきは、日米の闇の手先に葬られた……などである。

が、ここで、確実に言えることがある。ひとりの力道山側近は、力道山の死後しばらく経って、山王病院の長谷院長からこう聞いている。

「薬の与え方を、読み違えてしまったようだ」

薬とは、麻酔薬のことであった。それは、村田勝志の裁判の過程で、しだいに明らかになった。力道山の死因を究明するために、カルテが提出された。そのなかで、麻酔のカルテだけが、出てこなかったのである。執刀した聖路加病院の外科医は、紛失したと言い続けた。そこで、

「麻酔を打ったときに、ショック死した」

という説まで飛び出してきた。

尋常でない力道山の体力を考えて、大量投与したということであろうか。

解剖された力道山の内臓は、ずたずたであった。バットで殴らせて、筋肉の強さを誇示したり、暴飲暴食がたたった。解剖に立ち会ったある医師は、こう語った。

「村田氏が刺さなくても、プロレスラーとしての生命は、もう終わっていましたね」

大山倍達は、力道山の墓へ参った。墓石に向かって、心の中で語りかけた。

〈力道よ。おまえは、殺されても仕方がない。自業自得だ。だが、どうして刺した奴を、一発で殺さなかった。身につけた空手の威力を見せることをせず、どうして死んだんだ……〉

大山は、力道山を人間的にはとても好きにはなれなかった。が、力道山が日本の空手界に与え

た影響は大きかったと高く評価する。

それまで悪役のイメージの強かった空手を、善に転換させたのは、力道山の『空手チョップ』のおかげだ。力道山が、空手ブームを起こしてくれたのだ。

大山は、墓石に手を合わせた。

〈力道、私は、おまえに、本当に感謝しているよ……〉

村田は、傷害致死で懲役七年の刑に服した。

出所してからは、格上げされ、住吉連合会系組織の村田組組長となった。

平成二十五年四月上旬に、七十四歳で病死した。

「美空ひばりと山口組三代目田岡一雄組長の襲撃未遂事件」を告白された

美空ひばりが襲撃され大惨事となるはずであったが、その内幕を広島県尾道市を縄張りとする森田組の森田幸吉組長から聞くことができた。

私は『広島やくざ戦争』という広島の共政会三代目の山田久会長を中心としたドキュメンタリー小説を描いていたので、共政会副会長を通じて森田組長に話を聞くことができたのである。

森田組は、広島県尾道市を縄張りにする組である。当時組員は、六十人いた。

森田組長は、それまで世間に知られることのなかった大事件になるかもしれなかった話を、共政会副会長の紹介とあって、初めて気を許してくれて打ち明けてくれたのである。

森田組の森田幸吉組長によると、自分の家に遊びに来ていた兄弟分の山口英弘の電話が終わるや、訊いたという。

「どうしたんかいの、兄弟。浮かん顔して……」

山口英弘は、広島市を本拠とする打越会の若者頭であった。山口が電話で話していた相手は、広島で打越会と対立している山村組の幹部樋上実である。

山口は、険しい表情で森田組長に言った。

「明日、田岡親分が、ひばりに付いて防府に来たら、殺る、言うんじゃ」

「田岡さんを……」

「ああ、田岡親分は、必ずひばりの興行にゃ、付いて来る、言うんじゃ。もし、今回来なかったら、かわりに、ひばりをメッタ斬りにする、とまで言うとるんじゃ」

山口組三代目の田岡一雄は、天才歌手美空ひばりの興行を武器に全国のやくざの組と盃を交わし、全国制覇していった。

打越会の打越信夫会長は、山村組との対立から、神戸の山口組に助けを求めた。まず、山口組重鎮の安原政雄と兄弟分の盃を交わし、続いて、山口組三代目の田岡一雄組長とも、舎弟の盃を交わしている。

打越会と山口組との連合に怒った山村組は、山口組のバックアップするひばりの興行を、命を取ってでも阻止する、と息巻いているのであった。山村組にとっては、ひばりは、田岡と一心同体に映っていた。

「いくら山口組がついていても、この中国筋では、通用せんぞ」

ということを思い知らせるための動きであった。

山口英弘と樋上実は、打越会と山村組が対立関係に入る前から兄弟分の仲にあった。そのため、樋上は、つい気を許し、山口英弘に重大な計画を打ち明けたのであった。

森田は、ひばり襲撃の計画について聞くや、眉を曇らせた。

〈ひばりが防府で斬られれば、尾道でのうちの興行が、ふいになる……〉

五月一日に、防府市公会堂でひばりのショーが行われたあと、五月二日に、広島公会堂で、五月三日に、尾道公会堂でも美空ひばりのショーが行われる予定である。

美空ひばりが所属している山口組の「神戸芸能」が裏にいる「関西芸能」から荷を買い、森田組が尾道公会堂での興行を打つことになっていた。

一日三回興行で、すでに六百万円もの前売券を売っていた。もし尾道での興行ができないことになると、面子は丸潰れである。

森田は、呉にいる樋上に、すぐに電話を入れた。

「ひばりを襲撃することだけは、止めてくれ」

樋上は、厳しい声で言った。

「もう、手遅れじゃ。鉄砲玉は、すでに防府に入っとる」

「尾道で興行ができんようになると、わしにも、考えがあるけえの。あんたらにゃ、線は揃えんど」

森田は、打越会と山村組との対立には中立を保っていた。が、もし中国、九州制覇をもくろむ山口組が広島に乗りこんでくるときには、広島のやくざとして、山村組といっしょに立ち上がってもいい、と思っている。が、今回山村組がひばりを襲うなら、今後山村組と「線を揃えない」、つまり行動をともにすることはありえない、と迫ったのである。

樋上は、苦りきった声で言った。

「わかりました。鉄砲玉と連絡が取れたら、引き返させる。もし取れんときにゃあ、辛抱してもらうしかありませんよ」

鉄砲玉として送りこまれた者は、中止の指令がない限り、必ず命令どおりに動く。携帯電話のない時代である。その鉄砲玉の動きを中止させるためには、目的にそなえ潜伏している彼らを見つけ出し、彼らに直接中止を伝えなければならない。

もし彼らに新たな指令を伝えることができないときは、計画どおりに行われる。田岡かひばりが襲われる。

森田は、連絡を待ち続けた。夜の十二時になっても、樋上からの電話は入らない。

〈駄目かもしれん……〉

森田は、腸の捻れる思いがした。

深夜二時過ぎ、樋上から電話が入った。

「まだ鉄砲玉と連絡が取れん。やつらの行き先が、つかめんのじゃ。全力をあげて探しますけえ、待っといて下さい」

一睡もしないうちに、夜が明けた。

朝の七時過ぎ、樋上から電話が入った。

「やっと、鉄砲玉と連絡が取れました。わしが、責任を持って止めましたけえ」

「本当じゃのォ」

「本当です」

防府市公会堂でのひばりショーには、田岡は、いつものようにひばりに付いて来ていた。

山口県防府市は、打越会と縁の深い田中組の縄張りである。山口組の若い衆と田中組の若い衆は、田岡とひばりが襲撃されるかもしれない、という情報を聞きつけ、舞台の袖を固めた。

緊張の中を、ひばりはいつもと変わらぬ艶のある声で歌い続けた。ひばりには、事情は知らせていない。

防府市公会堂での興行は、どうにか混乱なく終わった。

翌日は、広島公会堂の予定である。広島市に入ることは、敵の山村組の陣に入ることである。もし襲われた場合、防ぎようがない。みすみす、ひばりを組の抗争に巻き込ませるわけにはいかない。

田岡は、若い衆に命じた。

「広島公会堂での興行は、取りやめや。そのかわり、岩国でやろう」

急遽、岩国市の市立体育館で行うことにした。

続いて五月三日、尾道公会堂で行われることになっている。

森田は、三日の朝早く、尾道警察に呼ばれた。

「森田よ、山村組が今日のショーに攻めて来るんじゃないか。広島の興行は中止になっとるけえの……」

森田は、きっぱりと言った。

「わしの命を懸けても、喧嘩は起こさせません」

森田は、組の事務所に帰ると、若い衆を集めて発破をかけた。

「今日のひばり興行を潰しに来る者がおったら、容赦はするな。たとえ山村のもんが来ても、勝負せえ！　全員の命を懸けても、興行は成功させろ！」

森田組の若い衆は、楽屋の手伝いに入った。いつも興行を主催する森田組の若い衆が手伝うことに決まっている。

が、この日に限って、山口組の若い衆が森田組の手伝いを制止した。

「誠に申し訳ございませんが、今日は、楽屋の手伝いは結構です。われわれでやります」

山口組の若い衆たちは、殺気立っていた。自分たちの組の者以外、誰一人楽屋に入れない厳重な警戒ぶりである。

尾道公会堂の興行は、無事に終わった。

森田は、その夜、ひばり一行を栄旅館に泊めるよう予約してあった。

が、田岡は、断わった。

「せっかくですが、今日のうちに、次の興行先の岡山に向かいます」

ひばり一行の車は、濃い闇の中を、岡山に急いだ。このまま広島にとどまっていると、どういう事態が起こるかわからない。

岡山には、不慮の事態に備え、山口組の組員を三百名急遽集結させていたのである。

森田は、ようやく安堵した。

同時に、あらためて肝を冷やしていた。

〈もし山村のもんがひばりか田岡三代目を襲い、命でも取っていたら、日本中がひっくり返るような大騒ぎじゃった。歌謡界の地図も、極道界の地図も、塗り替えられとった。いわんや、広島の極道界地図も大きく変わっとったじゃろう……〉

いっぽう襲撃は運良く逃れたものの、ひばりには、小林旭との離婚という悲しい運命が待っていた。

なお、その小林旭との離婚会見は、ひばりも旭も別々に行なったが、どちらの会見も、田岡組長が付き添ってのことであった。

その会見には、NHKの記者も朝日新聞の記者も出席し、田岡のコメントのメモをとり、発表した。現在なら考えられないが、当時はそういう時代でもあったのだ。

山口組と本多会、広島代理戦争の導火線となった美能組幹部の射殺事件

私は、ふるさと広島のやくざを描いた映画『仁義なき戦い』を観、飯干晃一さんの原作も読んでいたが、特に広島のやくざを書こうとは思っていなかった。

私の小学校時代の同級生も、グレてやくざになり、抗争に巻き込まれて死んでいた。昭和五十九年十一月に稲川会ナンバー1の稲川聖城をモデルにした『修羅の群れ』を上梓したが、こと地元のやくざの抗争はあまりにナマナマしく感じていたので、いまひとつ、広島やくざを書くことに気が乗らなかった。

私は、昭和六十一年の暮れ、徹夜で原稿を書き、朝の八時半過ぎを迎えた頃、テレビでは、モーニングショーをやっていた。田丸美寿々キャスターが、広島のやくざ「共政会」山田久三代目会長に質問していた。現在ならあり得ないことであろうが、この頃は、モーニングショーに、やくざの現役の親分が登場していた。

田丸さんが、山田会長に訊いた。

「親分でも、恐ろしいものがありますか」

山田会長は言った。

「そりゃあ、わしにもエベセェもんはあるよの」

エベセェというのは、古語の「いぶせし」、つまり得体の知れぬもの、恐ろしきもの、という言葉がなまった広島弁である。

田丸さんは訊いた。

「それは、何ですか」

「そりゃあ、人の心よの」

私はそれまでペンを走らせながら聞いていたが、山田会長の言葉についペンを止めて画面に観入った。

〈ほォ、興味深いことを言うな〉

「いま、おれと相手とで交渉をしている。相手は、あくまで顔に笑みをたたえている。交渉が終わった瞬間、おれが背を向けるや、相手がおれの背をチャカ（拳銃）で撃つ。チャカがエベセェんじゃない。チャカを使っておれを撃とうとした相手の心が、エベセェんじゃろう」

絶えず死と隣り合わせに生きているやくざは、「娑婆」や「修羅」のように仏教用語を使うことが多い。映画『仁義なき戦い』を観てもわかるように、広島のやくざは、さらに「腐れ外道め！」「往生せえ！」など、仏教用語を使う。広島は、親鸞の浄土真宗が盛んで、「安芸門徒」が多いせいか。そういうやくざ風土の中で、山田会長がもっとも恐ろしいのは「人間の心」と言ったので、興味を抱いた。

私は、その日、ただちに山田会長に電話を入れた。

「『修羅の群れ』を書いた大下英治と申しますが、今朝のモーニングショーでの『エベセェのは、人間の心』という言葉に興味を抱いた。会長の半生記を書きたい。じつは、私は、広島生まれで、広島大学を出て上京するまでは広島にいましたから、広島のことは少しはわかっているつもりです」

　山田会長の反応は、早かった。

「ええじゃろう。いつでも来てくれ。ただし、俊藤浩滋さんといっしょに来てくれ」

　私は、その一週間後、東映の俊藤浩滋プロデューサーといっしょに、広島に向かった。稲川会の稲川聖城をモデルにした私の『修羅の群れ』を映画化したときのプロデューサーが俊藤さんであった。

　そういういきさつから、ふるさと広島のヤクザを描くことになったのである。


　田岡一雄は、終戦後の昭和二十一年秋、その三年前に喪くなっていた山口登二代目の跡目を継ぎ、山口組三代目を襲名した。

　それ以後、田岡は、神戸港の船内荷役業の独占をはかった。

「これからは、やくざも仕事を持て！」

と説いた。

　昭和三十一年には、全国港湾荷役振興会を結成、田岡は、副会長におさまった。

いっぽう、昭和三十二年には、神戸芸能社を設立。天才歌手の美空ひばりも扱った。さらに戦後の英雄であった力道山のプロレス興行をも手がけた。このような仕事を通し、着実に経済界の実力者とも深い関係を持っていった。時の大臣が遊説のために関西に来ると、田岡を訪ねるようにまでなった。田岡は、三代目を襲名してわずか十年の間に、政財界をはじめ、芸能界、右翼にいたるまで深い繋がりを持つようになった。

山口組は、組織も他のやくざ組織にない、独自の方法をとった。それまでのやくざ組織は、親分がいて、その下に代貸がいる、という縦の順列であった。代貸が子分を持つことは、親分の許可がなければ許されなかった。ところが、田岡は、舎弟が独自に子分を持つことを許した。さらに、その子分が、また子分を持つことも許した。

この方式により、山口組は、子分が子分をネズミ算式に増やしていった。昭和三十六年のこの事件当時、傘下に四百二十四団体、総数九千四百五十人の組員を擁するまでに強大な山口組王国を築いていたのであった。

ドン田岡組長を、実質的な「日本の首領」にしようと、いならぶ幹部たちも、威勢がよかった。そのために、勢力を神戸から外に幹部たちが競い合うように拡大していった。まず地方を押さえ、その力を背景にし、最後に東京を制覇し、名実ともに三代目を「日本の首領」にしようとの野望に燃えていた。

いっぽう本多会は、山口組と同じ兵庫県を本拠地とする強大な軍団であった。傘下に百六十六団体、四千九十人と、戦力こそ山口組のおよそ半分であるが、こと本拠地の兵庫県下に限ってみれば、山口組が五十七団体千三百五十九人に対し、本多会は二十一団体千八百二十三人と、逆に優位を誇っていた。

本多会の総帥本多仁介は、かつて神戸大嶋組の大嶋秀吉組長の配下であった。山口組の初代山口春吉も、かつて大嶋組長の配下であったことがある。

本多仁介は、昭和十三年七月、六甲山麓を襲った大水害を機に、土建業を起こし、大嶋組から独立、本多組を創立した。のち本多会と改称したのである。

田岡一雄は、本多会の力を侮ってはいなかった。本多会と全面戦争すれば、山口組も、本多会も、双方とも崩れてしまう。そう読んでいた。

そのため、田岡は、あくまで本多仁介と五分と五分の兄弟分の盃を交わし、友好関係を保っていた。

しかし、幹部の地道行雄をはじめ、山口組の戦闘軍団は、局地戦において、代理戦争のかたちをとって本多会を叩こうとしていた。

鳥取市進出も、その一環であった。鳥取進出は、地道行雄が采配を振っていた。

地道は、山口組の中でも、戦闘は地道、内政は安原政雄、渉外は吉川勇次と言われるほど、戦闘能力を高く買われていた。

「地道の通った跡には、ペンペン草も生えん」

と他の組からも恐れられていた。

山口組戦闘軍団は、山陰道一帯に狙いをつけると同時に、岡山県と広島県へも進出しようと謀っていた。

岡山県児島市には、現金屋組長三宅芳一がいた。

三宅は、戦後隠退蔵物資の略奪によって得た巨財を背景に、岡山だけでなく、海を越えた四国の香川県北部にまで睨みをきかせていた。

山口組戦闘軍団は、いずれ現金屋も傘下におさめる腹づもりであった。が、その前に、山陽道一の大都市広島の打越組の打越信夫組長から、安原政雄に対して兄弟になりたいという縁組みの申し出があった。

中国一の広島を手に入れれば、四国、九州への睨みもきく。

山口組三代目の田岡一雄も、広島との縁組みには賛成した。

さっそく広島に知人が多い若頭補佐の山本健一に仲をとりもたせ、兄弟分の結縁をさせることにした。

山口組にとって、広島との縁は願ってもないことだ。

打越組長は、広島市内で三位のタクシー会社『紙屋町タクシー』の経営を軸に、着々と広島市内に勢力を伸ばしていた。

が、呉から広島中央進出をはかる山村辰雄率いる山村組と、それを助ける広島の地元の親分岡敏夫率いる岡組に、強い恐怖を抱いていた。

打越組長は、その緩和策として、昭和三十五年十二月、刑期を終えて横浜刑務所を出た岡組幹部原田昭三に目をつけ、いろいろと彼の世話を焼いた。

打越組長は、翌年二月の原田の放免祝いの席上、岡組の幹部原田昭三、網野光三郎、服部武、それに山村組の幹部美能幸三を舎弟とする盃を交わし、組織の堅持をはかった。

打越は、舎弟となった原田の出所披露の花興行のチラシに賛助として山口組の田岡組長の名前を使わせてもらったことが縁で、三十六年六月、神戸市の料亭で田岡に礼の挨拶のために会った。打越は、そのとき以来、すっかり田岡に惚れ込んでいた。

昭和三十七年九月二日、打越組長は、神戸において、山口組三代目田岡一雄から、六十一番目の舎弟の盃を受けた。

打越組長は、このときから、山口組の組織にならい、それまでの打越組を再編成し、連合組織「打越会」とあらためた。

代紋も、山口組にならって同じ形にした。打越会の看板の横には、「山口組中国支部」の看板まで掲げた。

打越組長は、幹部の山口英弘を、初代若頭に据え、結束を図った。

山村組長は、山口英弘が打越会の初代若頭に据えられたことで怒り狂った。じつは、山口英弘は、山村組長にひそかに近づき、打診していた。

「親分、わしゃあ、打越にはついていけんけえ、親分の若いもんにしてもらいたいんじゃ。お願いします」

山口英弘は、山村組幹部の樋上実と兄弟分であった。

おまけに、山口英弘の妻は、山村組長の経営するキャバレー・パレスの支配人石崎文雄の妹で、山村組とは近い関係にあった。

山村組長も、山口を引きとることを認めていた。

いっぽう昭和三十八年二月四日の朝の十時、須磨の料亭寿楼で本多会会長の本多仁介と、山村組長との五分五分の盃が交わされた。


広島では、ついに、神戸の山口組、本多会を巻き込んでの第二次広島戦争が勃発した。

その導火線となったのは、打越会初代若頭の山口英弘破門事件であった。

実は、私は、共政会三代目山田久会長を中心にしたドキュメンタリー小説『広島やくざ戦争』を書いたが、広島市の黄金山の中腹にある共政会本部の応接間で取材した。

山田会長は、取材には、いつも二十人を越える幹部を集め、みんなの前で語っていた。

いつも言っていた。

「ええの、わしが調子のええことをしゃべったら、『会長、そこのところは、正確にはこうじゃ』とはっきり言えよ」

そういう形で、山田会長だけでなく、集まった幹部も取材に加わり、事件の数々を埋めていった。

山田会長と幹部らの話によると、山口英弘の煮え切らぬ態度が、山口組の幹部たちの耳にも入り、打越会長は、幹部から苦言を呈されていたという。

「打越会の行動が、山村側に抜けたのは、山口英弘の仕業ではないんか……」

打越会長は、山口組の怒りをおさめるため、山口英弘を謹慎処分にした。

山口英弘は、このとき若頭を辞任した。

山口組は、それでも山口英弘への追及をゆるめなかった。ついに「山口英弘を、破門にせんかい」とまで言ってきたのだ。

山口英弘は、その翌日の三月一日、紙屋町タクシー二階の打越会事務所で、打越会長に言い渡された。

「山口、おまえは、今日から破門じゃ」

山口英弘は、その夜、中の棚にある自分の事務所に、大下博、沖本勲、梶山慧、竹野博士ら三十人の若い衆を集めて宣言した。打越会でも、精鋭とされていた者たちが揃っていた。

「今日、打越親分から、破門の宣告を受けた。これからは、わしゃあ、独立する。わしに従いてくる者は、従いてこい!」

そこに集まった三十人の若い衆全員が、賛同した。

「親分に従いて独立します」

当時、打越会の総勢は、百十九人であった。そのうちの三十人もの精鋭が、そっくり打越から抜け、独立したわけである。

この事件に関しては、共政会本部での取材に加わっていた大下博、沖本勲も証言した。

山口英弘は、大下博らの闘志に燃えあがる眼を見ながら、思っていたという。

〈これだけの頼りになる若い衆を連れて山村親分に味方すりゃあ、山村親分も、よろこんでくれるじゃろう〉

山村組の山村組長は、山口英弘がついに打越会から破門されたと聞くと、広島市内流川六丁目にあるキャバレー・パレス三階の山村組事務所で、樋上実を前に、吐き捨てるように言った。

「樋上よ、山口英弘の破門も、みんな、うちの美能の描いた絵図ど……」

樋上もうなずいた。

美能は、山村組の勢力を拡大するのに、確かに大きな役割を果たしてきた。

が、ここにきて、山村組の実力者である樋上と主導権を争い、犬猿の仲となっていた。

美能への憎しみをこめた表情になった。

「美能は、呉市内を掌中におさめ、ゆくゆくは、中国一の親分になろうとしとるんじゃ。そのために、打越を後ろから支えちょる山口組の山健さんにも近づき、山口組の力まで借りて、野望を達成しようとしとるんよの」

山健というのは、山口組幹部の山本健一のことである。

樋上も、うなずき続けていた。

山村組長は、首の蝶ネクタイに、苛立たしそうに手を伸ばして話し続けた。

「樋上よ、今回の山口の破門も、美能が、山健さんのケツをかいて、おまえと兄弟分の山口英弘を、破門させたんど」

山村組長は、口をゆがめてののしった。

「今度は、こっちが美能を、破門にしちゃる！　打越会にも、一泡吹かしちゃる！」

山村組長は、その三十八日後の四月八日、美能を、山村組から破門にした。

山村組を破門された美能は、打越会を破門された山口英弘が山村組に走ったように、打越会に走った。

広島のやくざの世界の地図は、麻のごとく、乱れに乱れた。そこに、仁義はなかった。

第二次広島戦争の鍵を握る人物となった美能幸三は、大正十五年七月三十一日、呉市で生まれた。

美能は、昭和二十二年の五月、呉駅前でその男を、ピストルで撃ち殺した。美能は、この事件で呉市吉浦にある呉刑務支所送りとなった。が、その年の暮れ、保釈された。

しかし、翌二十三年の年明けに、ふたたび佐々木哲彦にからむ事件で野本達男という男の両太股を刺し、逃亡した。二十三年十二月三十日、逃亡中の美能は、さらに尼崎佐々木組の商売仇竹鶴組の若社長殺害事件の殺人謀議の疑いで、尼崎署から指名手配された。

二十四年二月十一日、親分である山村辰雄と岡組岡敏夫組長、岡の兄貴分の森本九一組長の兄弟分の盃の儀式が行われた。美能は、逃亡中の身ながら、付添人としてその席に出席した。

この夜、美能は、森本九一組長の勧めで、岡組のやっかいになることになった。岡組の若者の永田重義のもとに預けられた。

二十四年四月、美能は、岡組若頭の近藤二郎、西の岡組の岡友秋、永田重義と兄弟分の盃を結んだ。後見人として、岡敏夫の親分の天本菊美のさらに親分であった清岡吉五郎、取持人は、服部武が務めた。

二十四年七月、美能は、山村辰雄に、呉の土岡博組長殺害を依頼された。そのとき美能には、殺人で十二年の懲役刑がかけられていた。そのうえ、呉での殺人未遂、尼崎での殺人謀議、旅先での傷害事件の容疑を合わせてみると、あとひとり殺せば、死刑は間違いなしという状態であった。

美能は、それでも、山村の依頼に応えた。

二丁のピストルを使い、土岡を広島駅前の岡道場の前の路上で撃った。

が、土岡は、命を取り止めた。

二十六年二月、土岡傷害事件の判決が出た。美能は、懲役八年を言い渡され、広島刑務所に服役した。

この結果、以前の殺人の十二年、傷害の十月と合わせ、懲役二十年十月の刑となった。

二十七年四月、講和条約発効の恩赦で減刑され、懲役十五年七月十五日となった。

三十四年三月に、美能は、不良押送先の岐阜刑務所を出所していた。

美能は、いまや山村組長への憎しみに燃えていた。

〈死刑を覚悟してまで山村のために尽くしてきたのに、わしを破門にしやがって。いまに見とれ……〉

打越会長は、美能が山村組から破門されたと知ると、その報復に出た。

ただちに、山村組幹部の服部武、網野光三郎、原田昭三の三人と一度盃を交わし、盃を返し、また盃を交わしていたが、今回ふたたび盃を流し、絶縁状を送った。

山村組長は、服部らに送られた打越からの絶縁状を確認すると、緊急幹部会議をひらき、怒り狂った。

「こりゃあ、なんなら、打越の外道め、わしを、なめくさってー」

山村組長は、原田ら幹部を睨みつけるように見て言った。

「おどれら、これを黙って見ちょる気か。おーう」

山村組長は、眼を血走らせ、全員に宣戦を布告した。

「やれい、やっちゃれい！　打越を、ぶっ潰したれい！」

山村組からの使者が、さっそく神戸の本多会、下関の合田組、笠岡の浅野組に走った。

神戸の本多会を後ろ盾とする山村組と、神戸の山口組が全面的に支持している打越会との戦争の導火線に、ついに火が点くときがやってきた。

昭和三十八年四月十七日の夜の十一時二十分過ぎ、山村組幹部の樋上実派幹部の元中敏之は、いい気持で酔っぱらい、呉市堺川通り八丁目のキャバレー・メトロを出た。

かすかに霧が出はじめていた。

この日、大阪の博徒天梅組の若頭森口清が、若い情婦を連れて、樋上実を訪ねてきた。

元中は、森口と旧くから親しかった。元中は、子分の上条千秋といっしょに森口を誘い、呉市内堺川通りのバー『藁』に行き、飲んだ。藁は、樋上の妻が経営しているバーなので、安心して酔っぱらった。

元中は藁でたまたま合流した樋上の子分の中畑良樹といっしょにバーを出た。

キャバレー・メトロで二次会を行なったあとの十一時二十分過ぎにメトロを出た。

ひと足先に店を出た森口が、店の前をとおりかかったコロナを止めた。

「おい、こら、止まらんかいー」

タクシーと間違えたのである。

ところが、そのコロナを運転していたのは、樋上ともっとも憎しみ合っていた美能組の幹部の亀井貢であった。

亀井は、その二〇メートル先のバー『クインビー』を経営していた。

亀井は、突然、車を止められて腹をたてた。

コロナの窓を開け、森口に食ってかかった。

「おんどりゃあ！　わしを、誰じゃと思うとるんならあ！」

そこに、元中がやってきた。元中は、亀井の顔を知っていた。

亀井にいきり立った。

「おんどりゃあこそ、大けな顔をするな！」

「なにィ……」

「おんどりゃあ、破門されたんじゃけえ、もうちょっと、小そうなっとれい！」

元中は、車の窓から手を突っ込んだ。

亀井の胸倉をつかみ、叫んだ。

「文句あるなら、外へ出え！　しごうしたるけん」

「なんじゃ、こっちこそ、しごうしたる！」

亀井は、ドアを開け、外に出た。元中に、殴りかかった。

打越会と山村組が、一触即発状態にあるときだけに、おたがい殺気立っていた。

そこに、上条が、遅れて駆けつけた。

腹巻の中から38口径の六連発回転式拳銃を取り出した。

亀井の右胸めがけ、引き金を絞った。

弾は、轟音とともに亀井の右胸を貫いた。

上条は、さらに二発、三発と引き金を絞った。

亀井は、血だらけの胸を押さえ、路上にうずくまった。

その銃声に、あたりの飲み屋から、いっせいに人が飛び出してきた。

元中らは、その場から、しだいに濃くなっていく霧の中に隠れこむように逃げ散った。

亀井は、ただちに呉共済病院に収容された。

が、まもなく、出血多量で死んだ。

亀井が射殺された、という知らせを受けた美能組員たちは、ただちに呉市海岸通り近くにある美能組の事務所に駆けつけた。

広島の打越会からも、五台のタクシーで、十数人の組員が駆けつけた。

美能組の戦闘部隊は、報復のため、呉市中通りにある樋上の家を襲った。が、樋上家には、誰ひとりいなかった。

樋上は、逃げたのではなかった。その前日から、徳山の兄弟分浜部組へ出かけていて留守だったのである。

樋上は、事件を知って急遽広島まで帰った。

山村組若頭服部武のもとに身を寄せ、美能組からの報復を避けていた。

美能組の戦闘部隊は、山村御殿と呼ばれる呉市北迫町の山村邸にも走った。ところが、こちらも手伝いの老女がひとりいるだけであった。

山村組長は、この当時、打越会との睨み合いが続いていたので、呉市の自宅には帰らなかった。広島市内の本拠地キャバレー・パレスに寝起きして、厳重な警戒を続けていた。

山村組長は、このときは、さらに、北九州の親しい工藤組を訪問していた。

山村組幹部の原田昭三は、特使となって、ただちに北九州へ渡った。

山村組長に、亀井射殺事件を伝えた。

山村組若頭の服部は、急遽、岡山県笠間に兄弟分の浅野真一を訪ねた。今後の打越会との戦いの作戦を練った。

亀井の密葬は、四月十九日午後二時から、美能組組長美能宅で行われた。

県外からも、神戸山口組幹部山本健一ら十五人が弔問に駆けつけた。

山口県の防府市からも、打越の舎弟である田中清惣会長以下、組員十人が弔問にやってきた。県内からは、打越会会長の打越、西友会会長の岡友秋ら八十名が出席し、会葬者は、二百人を超えた。

ここではじめて、山村組、打越会の両陣営がはっきりした。

この葬儀にやってこない者は、すなわち、打越会の敵であった。

打越会に集う者は、打越会八十九人、広島・西友会十四人、河井組十三人、美能組五十三人、防府・田中会五十二人、岩国・中村組十五人、総勢二百三十六人である。

いっぽう、山村組の集めた戦力は、山村組二百二十人、山口(英)組四十七人、浜本組三十五人、松下組十二人、浜部組六十五人、全部で三百七十九人であった。

このとき、呉の小原組の帰趨はまだ定かではなかったが、山村組の優位は、動かなかった。

亀井の密葬後、呉の海生親分らが介添役、打越会会長が見届人となり、山口組幹部山本健一、小原組組長小原光男、美能組組長美能幸三の三名が、五分の盃を交わした。これによって打越会は、それまで帰趨の定かでなかった小原組を味方に抱きこむことに成功した。

美能は、兄弟盃を飲み干しながら、闘志を燃やしていた。

〈亀井の弔い合戦のためにも、山村を徹底的にやってやる!〉

広島での山口組と本多会の代理戦争はいっそう激しく火を噴いていく……。

山口組田岡一雄組長邸、ダイナマイト襲撃犯の素性

私は、『広島やくざ戦争』の取材のため、広島市の黄金山の中腹にある共政会本部に山田久共政会会長を訪ねると、まさに要塞のような建物であった。

私は山田会長に挨拶し、いきなり訊いた。

「まるで、砦のような本部ですね」

山田会長は、共政会本部について触れた。

「この窓ガラスを、見てください」

驚いたことに、防弾の窓ガラスというからには、よほど厚いに違いない、と思っていたが、逆にひどく薄いのだ。思わず訊いた。

「こんなに薄くて、大丈夫なんですか？　すぐに弾が貫くんじゃないですか」

山田会長は説明した。

「この窓ガラスは薄いが、弾が当たると、その部分が何千という細かに粉々に砕けるようになっている。ほいじゃけん、弾が中に入らんのじゃ。貫けないで、止まってしまう」

山田会長は、さらに打ち明けた。

「本部の門と鉄の塀にも、仕掛けがしてある。電気カッターで門や塀を斬りにかかると、電気のスイッチを入れる。そのとたん、電気カッターに電気がとおり、感電してしまう」

山田会長は、さらに言った。

「ここは、黄金山の中腹だから、山の上からいつ敵が攻めて来ないとも限らない。そこで、山の上に、絶えず見張りを置いている」

広島では、ダイナマイトを仕掛けて爆破する事件が相次いでいた。それゆえにこそ、共政会本部もこのように要塞のような作りになっていたのだ。

広島では、やはり神戸に本拠を置く本多会をバックにした山村組と神戸の山口組をバックにした打越会の代理戦争の様相を呈した抗争で、山村組は、一方的に攻勢を誇った。

ついには、打越会に加担していた西の岡組の岡清人の実弟岡友秋まで射殺される、という事件が起こった。

昭和三十八年九月八日、朝の十一時過ぎ、広島県安佐郡可部町字可部温泉にある旅館の浴場で、岡友秋は朝風呂を楽しんでいた。

岡友秋は、小学校の同級生二十数名とその日の午前十時ごろ旅荘に到着していた。新館大広間に落ちつき、同級生とビールを飲み、少し話し合ってくつろいだあと、別館の風呂場でひと風呂浴びていたのである。

岡友秋は、戦後、実兄の岡清人とともに、己斐マーケットを根城とし、街の愚連隊を集めて勢力を張り出した。

岡清人は、東の岡組組長岡敏夫の舎弟となった。が、市内東部において岡組と村上組がすさまじい抗争にしのぎを削っているのをよそに、打越組長とともに、西部地区において、漁夫の利を得て、強固な地盤を築いていた。

岡友秋は、三十七年五月、腹心の子分四十人を引き連れ、兄の岡組から分派し、市内西新に西友会を結成した。

西友会は、中区の土橋一帯の赤線地帯を縄張とし、新興勢力としてめきめき台頭した。

病身な兄の岡清人に対し、友秋は行動力に富んでいた。賭博を通して尾道の高橋組幹部の横江利雄と通じた。

山村組から破門された美能幸三とも、付き合いを深くした。

西友会は、美能と山村との対立から、打越会の傘下に走った。

三十八年五月二十二日、岡友秋は、打越信夫から舎弟の盃を受け、打越会の行動隊長的存在となった。

打越会対山村組の抗争事件が勃発し、美能は、三十八年七月五日、呉市内で山村組幹部の樋上実の子分を袋叩きにした罪で逮捕されていた。

美能は、三十八年七月に収監され、四十五年九月、札幌刑務所を出所するまでの七年二カ月は娑婆にいない。

このため、岡友秋は、打越会の先鋒となって活躍した。

岡友秋は、山村組から恐れられ、命を狙われ続けていた。

この日は、小学校時代の同級生の同窓会ということもあり、ボディーガードをつけていなかった。つい幼いころのなごやかな気持に返り、くつろいでいた。

ところが、その旅館に前夜の夕刻からひとりで泊まりこみ、岡友秋の命を狙っていた二十三歳の若者がいたのである。

山村組進藤派の組員吉岡伸彦で、いわゆる「鉄砲玉」であった。

吉岡は、三十八年三月ごろから、進藤派に出入りするようになった。

五月二十七日に発生した山口（英）組の大下博らが打越会を襲った『ニュー春美事件』の捜査中、拳銃不法所持の現行犯として逮捕されていた。が、六月二十四日、保釈されたばかりであった。


吉岡は、怪しまれないため、他の客と同じく浴衣を着ていた。

緊張と九月初旬の残暑のため、汗ばんでいた。

玄関から庭下駄をつっかけ、いかにも散歩に出る様子で前庭に出た。

前庭の石灯籠などを設えた植えこみを左へ曲がり、七、八メートル先にある別館の風呂場に、狙う相手岡友秋がいる。

吉岡は、かつて自衛隊にいた。銃を扱ったことはある。が、人を殺すのは初めてである。心臓が早鐘のように鳴る。指先も震える。

気を落ちつかせるため、上がり框《かまち》に腰を下ろし、煙草に火を点けた。腹巻の中には、コルト45口径の拳銃を秘めている。

二、三服吹かしたとき、庭下駄の高い音が、かすかにひびいてきた。

吉岡は、煙草を捨てた。

ふたたび、前庭へ出て行った。

石灯籠の陰で、足を止めた。

とっさに、腹巻の中に手を入れた。

下駄の音は、ひとりだった。

石灯籠のところで右へ曲がろうとする四十歳近い男の顔は、ほろ酔いかげんでいい色に染まり、すっかりくつろいでいる。まったく警戒の色を浮かべていない。

「あんたは、岡友秋か」

岡友秋は答えた。

「そうじゃ」

岡友秋が答えたときには、吉岡の右手に握られていたコルト45口径の拳銃は、火を噴いていた。

岡友秋と吉岡との距離は、わずか八〇センチしかなかった。

弾丸は、岡友秋の脇腹に命中した。

岡友秋の体は、一瞬、ぐらりと揺れた。

吉岡は、今度は岡友秋の胸を狙い、引き金を絞った。

浴衣の胸が、鮮血に染まった。

吉岡は、さらに引き金を絞った。

岡友秋の腹のあたりが、パッと鮮血に染まった。

吉岡は、岡友秋の体に、四発目、五発目、六発目と狂ったように弾丸を撃ちこみ続けた。

岡友秋は、それでも倒れなかった。

仁王立ちになり、吉岡を睨みつけた。

それから二、三歩よろめいた。玄関の手前で、ついに血まみれになって倒れた。

吉岡は、岡友秋に近づいた。とどめを刺すためである。

銃口を、岡友秋の頭に向け、引き金を絞った。

岡友秋は、頭から血を噴き即死した。

のち三代目共政会常任参与となる和田堅二は、当時岡友秋の舎弟であった。が、恐喝容疑で逮捕され収監中であった。岡親分の復讐をしようにも動けなかった。

拘置所で、岡親分の死亡の知らせを聞き、歯ぎしりした。

〈娑婆を歩きまわれるなら、親分を殺すよう命じたやつらを、みな殺しにしたるのに……〉

岡友秋の命を取られた西友会と打越会は、さっそく指令を出した。

「岡親分を狙わせたのは、山村組の原田昭三じゃ。山村組の事務所のパレスと、原田昭三の事務所にダイナマイトを仕掛けて、爆破したれい！」

岡友秋の殺された四日後の九月十二日午前四時三十分過ぎ、広島市流川町のキャバレー・パレスの地下入口で、ダイナマイトがすさまじい轟音を上げ、爆発した。

隣りの映画館リッツのウインドーまで破壊されてしまった。リッツでは、ヒッチコック監督のスリラー映画『鳥』を上映中であった。

同じ時刻、田中町の原田昭三宅にやはりダイナマイトが仕掛けられた。が、ダイナマイトは点火せず、未遂に終わった。

それから一週間後の九月十九日の午前三時ごろ、原田昭三宅の表事務所の『採石業原田産業KK』に、ダイナマイトが投げこまれた。

事務所の机、戸棚、その他の事務用備品や、窓ガラス、天井の一部が爆破され、吹き飛んだ。

相次ぐ爆破事件で、打越会対山村組の抗争は、さらに激化した。

山村組の本拠パレスには、常に四、五十人が待機していた。

山村組長は、キャバレー・パレスの三階に寝起きしていた。入浴や理髪に行くのに、ボディーガードの片山薫をはじめ、二十数名の子分を護衛につけて動くという厳重な警戒ぶりであった。

片山は、のち共政会の副会長となる人物で、私が共政会本部の応接間で山田久共政会三代目会長を中心に取材をする時、絶えず細かい記憶を蘇らせナマナマしく語ってくれた。

九月二十一日土曜日の午後八時過ぎ、打越会子分の李粉根は、パレスの近くの新天地近くに潜入し、偵察をはじめていた。

山村組子分の森本俊夫や方栄徳ら数名も、パレス近くで見張りをしていて、李粉根の姿を発見した。

「わりゃあ、紙屋町の者じゃないか！　ちょっと来い！」

紙屋町というのは、紙屋町タクシーを本拠とする打越会の者という意味である。

森本らは、李を捕まえ、近くの路地に連れこんだ。

李の顔面を、かわるがわる殴りつけた。

李の顔は、お化けのように腫れてしまった。

李は、隙を見て逃げた。

森本らは、路地に落ちていた石を、李に向けて投げた。

李は、そこから走って五分の中の棚にある紙屋町タクシーの事務所まで逃げこんだ。

李から事情を聞いた打越会の組員谷村祐八、藤原初生、柳秀雄が、いきり立った。

「山村組のやつらの顔の皮を、ひんむいちゃる！」

すぐにパレスに殴りこみに走った。

李も、いっしょに走った。

谷村は、腹巻の中に、五発の弾丸入りの回転式拳銃一丁と、十発の弾丸を入れたマッチ箱を入れていた。谷村は、山村組幹部原田昭三宅を爆破した犯人のひとりでもあった。他の三人も、腹巻の中に拳銃をしのばせていた。

李を袋叩きにした山村組の森本らも、組員の鄭照護らに応援を頼み、敵の反撃にそなえていた。

そのような息づまる戦いに気づかぬアベックたちは、手を組みあって繁華街である新天地を心地よい夜風に吹かれながら歩いていた。

山村組の森本らの眼に、反撃にきた谷村らの姿が入った。
映画館リッツの前で、おたがいに睨み合った。
「おどりゃあ、しごうしたるど！」
「われこそ、死にゃあがれ！」
先程顔を殴られ、化け物のように腫らされた李の拳銃が火を噴いた。
山村組の宮本敏明の右腹を、弾丸が貫いた。
通行人は、「きゃあ！」と叫び声をあげ、四方に飛び散った。
李の拳銃が、ふたたび火を噴いた。
右腹を押さえて前につんのめりかかる宮本の右肩を、弾丸が貫いた。
宮本は、弾かれたように倒れた。
「やりやがったのォ！」
森本が、叫んだ。
打越会の谷村らは、背を見せて逃げた。
映画館リッツの角を曲がり、『広島ビヤガーデン』の方に向け飛ぶように走った。
打越会の連中を追って、森本らは人込みを蹴散らかすようにして走った。
山村組の鄭照誤が、先頭を切って追った。右手には、拳銃が光っている。
七、八〇メートルを走ったところで、鄭が、打越会の連中の最後を走っていた谷村に追いついた。

鄭は、谷村の首筋を拳銃で殴るような格好で、引き金を絞った。

銃口は火を噴いた。

谷村の左後頭部に命中した。

谷村は、つんのめり、その場に倒れた。

打越会の他の仲間は、人込みに紛れて消えた。

谷村は、救急車で基町の病院に運ばれた。

が、十分後には死亡した。

宮本は、幟町の病院に収容されたが、二日後に死んだ。

山村組の本拠パレスビル三階の事務所で、新天地での撃ち合い事件直後、山村組では、組長以下大幹部が集結し、協議しあった。

「打越会が執拗に攻撃してくるのは、背後に山口組の支援があるからじゃ。山口組の田岡組長が、裏で糸を引いとる。このさい、山口組の本拠を爆破して、報復しちゃろう。神戸の本多会には悪いが、その攻撃は、広島からしたものじゃのうて、本多会のように思わせよう。神戸の本家同士で戦わせ、広島の戦火を神戸へ転化して、抗争の終結を図ろうじゃないか」

「そりゃあええ。神戸の山口組からぎょうさんと来とる助っ人らも、肝を冷やして広島から引きあげるじゃろうよ」

「それにしても、田岡邸には、これまで鉄砲の弾丸ひとつぶちこまれたことはない。ダイナマイトをぶちこむと、びっくりするじゃろうのォ」

「ところで、誰がこの役をやるんかいの……」

一瞬、席は静まりかえった。厳重な警戒が敷かれている田岡邸を襲うとなると、命懸けだ。下手をすると、こちらもやられる恐れがある。

「わしのところでやりましょう」

服部武が、きっぱりと言った。

服部は、爆破の実行は、若頭の自分の派でやるべきだと思った。

服部は、打越とは兄弟分の盃を交わしていた。その縁のため、広島での打越との戦闘では、つい激烈さを欠いた。そのぶん県外の山口組との戦いで、功を立てようと思っていた。

〈神戸の山口組の本拠を一気に叩けば、事はおれたちの思いどおりに運ぶ〉

服部は、服部組が田岡邸爆破の実行を潔く自分の派で引き受けたことが、まさか、のちのち自分の首を締めつけるようなことになるとは、このとき思いもしなかった……。

服部は、九月二十一日の夜、服部派の幹部品川稔に事情を打ち明け、命じた。

「ええの、間違いなく、田岡組長宅を爆破させるんだぞ」

「親分、わかりました」

品川の配下の山田吉彦と古武家嘉は、田岡邸爆破のための用意の旅費と、ジュース缶に仕込まれたダイナマイトを服部派幹部の木元正芳から受け取った。

二十二日の夜は、ふたりで広島の歓楽街を飲み歩いた。

「広島とも、しばらく別れにゃならんかもしれんけえの」

翌二十三日の朝の列車で神戸に向かった。

午後三時ごろ、神戸駅に到着した。

ふたりは、神戸市生田区の住宅街を歩き廻り、田岡邸を探し出した。

邸内に忍びこめる機会を狙った。

夜の九時半ごろ、ふたりは、ついにその機会をつかんだ。


闇に紛れるようにして、田岡邸の裏の路地から、田岡邸に侵入した。

もし邸内の見張りをしている山口組の若い衆に見つかれば、間違いなくその場で銃弾を浴び、体は蜂の巣のようになる。

ふたりは、玄関の右側の人気のない便所の窓を、外からそっと開いた。

田岡邸付近で拾った荒縄でジュース缶に仕込まれたダイナマイトに火を点け、吊るしこんだ。

ふたりは、脱兎のような勢いで、田岡邸から外へ出た。

闇の中を走りに走った。

千メートルくらい離れた湊川神社前まで逃げたとき、ふたりの耳に、大きな爆発音がひびいた。

大爆破により、田岡邸の便所の便器は粉々に砕けた。便所の天井や壁、窓ガラスが破れた。

さらに、他の部屋のガラス障子とガラス十数枚も割れた。

路地を隔てた『生長の家兵庫県教化部』の窓ガラス数枚まで割れた。

田岡組長宅では、家人は二階で寝ていた。組員ふたりが階下にいたが、怪我はなかった。

田岡邸を爆破したふたりは、爆破の成功を信じ、神戸駅から上り電車に飛び乗った。大阪まで逃げ、大阪駅前から服部組幹部の品川稔に、電話を入れた。

「指令どおり、田岡邸は爆破しました」

山口組の田岡邸が、はじめて敵によって襲われたのである。

山村組の狙いどおり、山口組側は、田岡邸にダイナマイトを仕掛けたのは神戸の本多会に違いない、とただちに逆襲に出た。

その夜一時過ぎ、神戸市兵庫区上沢通り一丁目の湊川公園内にある本多会事務所の表ガラス戸から22口径の拳銃が撃ちこまれた。

事務所内には、幹事長ら会員数人がいた。が、弾丸は、事務所のソファに当たっただけで、怪我人は出なかった。

この間、九月二十二日、打越会対山村組の抗争の頭目である打越会長と山村組長が、広島県警に揃って別件で逮捕されていた。

山口組側は、本多会だけでなく山村組若頭の服部武の自宅をも報復襲撃した。

九月二十三日夜から二十四日未明にかけ、広島市内小網町の西友会若頭沖広方に、打越親分と兄弟分の盃を交わしていた、山口組安原政雄率いる安原会の子分児玉忠孝、打越会の三上文雄、寺本勝利、田村尚吾、岡田卓己らが集結していた。

「神戸からの連絡によると山口組本家の事務所が、爆破されたということじゃ。広島で何とか格好をつけにゃ、男がすたるど」

「ほうじゃ、組長が捕まったからいうて、引き下がれるかい」

打越会幹部から拳銃を受けとった児玉らは、二台の車に分乗して二十四日午前四時四十分過ぎ、昭和町の服部邸を襲った。

一台の車は、パトカーを見て逃走した。が、いま一台が、車の中から服部邸に拳銃を発射し、逃げた。

やはりこの二十四日午前入時ごろ、呉市北迫町の山村親分の邸宅である、いわゆる「山村あき御殿」の表門の内側五メートルくらいの内庭に、ダイナマイトが投げこまれた。ビールの空缶に仕込まれ、外側から白布で包み、長さ二〇センチの導火線に点火されたものであった。

が、火は途中で消え、被害者は出なかった。

まさに「仁義なき戦い」が続いたのだ。

安藤組花形敬はなぜ身内に襲撃され重症を負ったのか

私が初めていわゆるやくざを深く取材したのは、かって安藤組組長で、のちに俳優として活躍した安藤昇であった。ホテル・ニュージャパンの火災でクローズアップされた横井英樹の取材を通してであった。

元公爵の蜂須賀正の夫人の智恵子から二千万円の金を借りていながら、払おうとしないで踏み倒そうとした。安藤は友人に頼まれ横井に会ったが、横井は知らぬ存ぜぬ。

安藤は、若い衆の千葉一弘に横井を「殺さないで」という条件で撃たせたのだ。

その細かいいきさつを安藤から細かく聞かされた。取材が終わってからも、当時赤坂にあった安藤さんの事務所に度々顔を出すようになった。安藤さんは、いわゆる「インテリヤクザ」で、人間通であり、文章も上手で、教養も深かった。話にユーモアもあった。

静かに笑う時、左頬の深い傷が動くのが印象的であった。

若いころ、台湾人に斬られた傷である。

安藤さんのトレードマークとも言うべき、その傷について、私も門下生の一人である評論家の大宅壮一さんがある言葉を残している。

大宅さんは、安藤さんに興味を抱き、週刊文春の連載対談である『大宅壮一人物料理教室』で安藤さんと対談した。この対談なかば、安藤さんが改まった表情で、大宅さんに頼んだ。

「先生、色紙を書いていただけますでしょうか」

大宅さんは、安藤さんの左頬の傷跡を見ながら、筆をふるった。

《男の顔は履歴書である》

安藤さんは、その言葉を眼に刻みながら、いくどとなく深くうなずいた。

なお、この色紙の文句をタイトルとして、安藤昇主演、加藤泰監督で、昭和四十一年七月五日公開の『男の顔は履歴書』が製作された。

安藤さんは、私が週刊文春のトップ屋時代に出版記念会を開いた時、わざわざ出席してくれた。

私は、週刊文春を離れた後、安藤さんについて『小説安藤組』『実録・安藤組解散　さらなる戦い』を書き続けた。

安藤さんとは、亡くなるまで酒を酌み交わし続けた。老いてもなお、侠の色気のある魅力的な人であった。


安藤さんとの縁で安藤組の幹部にも取材できた。

その安藤組の幹部の間にも、殺し合うまでの争いがあった。

特に花形敬は、疫病神的存在で、組のなかでもみんなを震えあがらせていた。

その花形を、ついに石井福造が殺しにかかったのである。

花形敬は、昭和五年、小田急線経堂駅に近い東京市世田谷区（現東京都世田谷区）船橋町の旧家に生まれた。

父親の正三は、当時では珍しい米国シアトルに留学し、そのまま現地でキャデラックディーラーになるなど国際派ビジネスマンだった。が、大正末期に排日運動が高まり、帰国を余儀なくされていた。

一族の血筋をさかのぼれば、武田二十四将の一人に行きつくのだという。

花形家は一巡するのに半時間はかかるという宅地の中に、テニス・コートを持ち、門番まで住まわせていたという。

昭和十八年、花形敬は、経堂国民小学校から世田谷区で唯一の進学校である旧制千歳中学校に進学した。

一年一組で仮副級長を命じられた。旧制千歳中学校時代、ラグビーに打ち込んだ。

昭和二十年、花形敬は軍需工場に勤労動員された。

終戦後、花形敬は喧嘩三昧の日々を送るようになった。警察より、GI、つまり米兵などとの喧嘩が、旧制千歳中学校に報告された。

花形は、石井とは国士館中学で出会った。

石井福造は、昭和三年十二月に世田谷区用賀の農家に生まれた。安藤昇より三歳年下である。

石井は、喧嘩に明け暮れて、三つもの中学を退学になった。昭和二十一年一月には、京王商業も退学になった。

石井は、国士館中学に転入すると、番長として暴れまくった。

花形は、石井より二歳年下であったが、国士館へは石井より一級上の四年生として入ってきた。

花形は、石井といっしょに暴れ退学になったが、正規の試験を受け、明治大学の予科に堂々と合格した。本来、頭脳は優秀だったのである。

石井も退学になり、中野中学に転校した。

石井は、国士館中学時代、花形といっしょに暴れまくっていたものの、実はいじめぬかれていた。花形にだけは二度と会いたくなかった。

ところが、安藤組でまた仲間となり、花形にことあるごとにいじめぬかれていたのである。

安藤によると、花形は、安藤の前では、ひと言の口答えもしなかったという。が、安藤のいないところで酒を飲むと、ガラリと一変した。馬触れば馬を斬り、人触れば人を斬るではないが、眼に入る者を片っ端から殴っていった。

花形は、手のつけられない暴れ者であったが、男でも女でも、品のない粗野な人間は嫌いであった。

花形には、強い誇りがあった。

〈おれの血の中には、旧家の血が流れている〉

私は安藤昇の半生記を描くので、安藤組解散後、住吉会内・石井会の初代会長になっていた石井福造に花形襲撃について詳しく聞いた。石井は、時に自分の追い詰められた姿も、ざっくばらんに時にユーモアさえ交えて語ってくれた。

石井の妻も私の取材に同席していて、ともに花形とのやりとりについて細かく語ってくれた。

石井によると、昭和三十三年二月十七日の夜、石井は、花形に飲むのに付き合わされ、妻の美代子を待たせていたバー『ロジータ』に行った。『ロジータ』は、渋谷区宇田川町の雑居ビルの地下一階にあった。石井たちの溜り場である。

美代子は、待ちくたびれ、疲れきっていた。石井を見て、美代子はホッとした。これで帰れる、という顔になった。

が、続いて入ってきた花形を見て、美代子の表情が凍りついた。

〈どうして、花形さんなんかと、いっしょに来るの！〉

美代子は、嫌な予感がした。

が、石井には、急ぎの仕事もあった。

「花形、十五分ばかり席を外す。すぐにもどってくるからな」

石井は、席を外した。

その間、花形は、美代子もまじえて飲んでいた。花形は、据わった眼で美代子を見ながら、声をかけた。

「ちょっと、話があるんだ」

「なあに、花形さん？」

「もっと、こっちへ来い。内緒でしか言えねえ話なんだよ」

美代子は、花形に顔を近づけた。花形の口が、美代子の耳に近づいた。そのとたん、花形は、美代子の右耳にがぶりと噛じりついてしまった。花形にしてみれば、悪ふざけである。しかし、それまでのひどさのため、悪ふざけにはならない。

「きゃあ！」

美代子は、悲鳴をあげた。花形の噛み方も、半端ではなかったのである。花形も、その悲鳴に驚き、店から出て行った。

石井は、若い衆に仕事の指示をして、『ロジータ』にもどった。が、花形のいたはずの席に、花形がいない。代わりに、美代子がテーブルに顔を伏せて泣いている。

石井は、あわてて訊いた。

「どうした、何があった。花形は、どこ行った？」

美代子は、眼を真っ赤にして石井に訴えた。

「花形さんが……、私の耳に、食いついたの……」

最後は、言葉になっていなかった。見ると、美代子の耳には、赤く歯形がついている。

「おまえ、食いつかれるようなことをしたのか」

石井は、頭がカーッと熱くなっていくのがわかった。

石井は、店中に反響するような大声で怒鳴った。

「よし、美代子、おまえは、ここで待ってろ！　道具持ってくるから。今度こそ、殺してやる！」

「道具」というのは、武器のことを言う。たとえば、広島では、拳銃のことを「道具」と言う。

大阪では、「チャカ」と言う。東京では、「拳銃」、あるいは「道具」とも言う。

石井の「殺す」という言葉を聞いて、美代子は、必死で止めた。石井に、二度と刑務所に入って欲しくなかった。が、石井は頭に血がのぼっている。歯止めがきかなかった。

石井は、すがりつく美代子に言った。

「おまえ、そんなにおれが心配なら、別れりゃいいじゃねえか！　おれが、花形の命をとってやる！」

花形を自分が殺れば、十五年の判決を受ける。しかし、花形がいかにひどいことをしたかを訴えれば、情状酌量で十年にはなるだろう。ただし、十年も刑務所に行ってしまえば、その留守に渋谷はまた別の者が頭角をあらわしてきて、出て来たときには、自分がくすぶってしまうことになりかねない。

しかし、やくざとして飯を食っている以上、花形に悪さをされても振りはらわなければ、自分が飯を食いずらくなる。

実は、石井が花形を殺ろうとしたのは、今回だけではなかったという。

昭和二十六年冬のことである。そのときも、石井は、花形を殺すつもりであった。石井は、森田雅たちとしょっちゅう計画を練っていた。石井たちは、いつものように、渋谷の宇田川町の路上で森田たちと花形を殺す相談をしていた。

そこへ、花形が通りかかった。花形は、話しこんでいる石井を見つけると、声をかけた。

「なんだい、おれを殺す相談でもしてるのか。言っとくがな、おれはハジキじゃ死なないよ。殺したかったら、機関銃でも持ってくるんだな」

花形を殺るのは容易ではない。

石井は、花形を殺そうと店を出たという。美代子も、必死で後を追った。

二人は、いったん自分たちのアパートにもどった。石井は考えた。

〈武器は、何にしようか〉

ちょうどそのときである。石井の若い衆である牧野昭二が、血相を変えて入ってきた。石井もそうであったが、牧野もまた真剣な、思いつめた顔をしている。

石井は訊いた。

「どうしたんだ、おまえ」

牧野は、石井の腕を強くつかんだ。牧野は、懇願するように石井に言った。

「いま、花形さんに、殴られた。花形さんを、殺りたいんです」

石井も美代子も、ギョッとした。石井は、一瞬、花形を殺る、という話が外に洩れているのか、と思ったほどである。

石井は、訊いた。

「なんで、殴られたんだ！」

「おれが惚れてる女がいるんです。彼女と、渋谷をぶらついていたんです。そこに花形さんが小走りにやってきた。おれが、『こんばんは』と声をかけると、花形さんは、『小僧、この野郎！』と言って、いきなり、おれを殴りとばした。あまりに不意だったので、二メートルも後ろにすっとんだ。花形さんは、そのまま、ふらふらどこかに見えなくなってしまったんです」

牧野は、最愛の女の前で辱めを受け、その苦痛に耐えられずに、石井のアパートにやってきたのである。

石井は、かつて舎弟たちに言ったことがある。

「おれに何かあったら、花形を殺さなきゃしょうがねえな」

そのとき、大声で石井に返事をした者がいた。

「そのときは、私がやります！」

それが、牧野だった。

石井は、牧野に言った。

「おれが、殺る！　おれも、いま花形を殺りに行こうと思っていたところだ」

牧野がすがった。

「おれに、殺らせて下さい。仕留める自信があります」

「おまえ、本当にできるのか」

「もう、自分は納得いきません。私に、殺らせて下さい」

「よし、殺れ」

石井は、牧野に命令を下した。

さっそく、若い衆を手配するために、根城であるバー『ロジータ』に電話を入れた。

「おい、花形の行方を追え」

「えっ？　花形さんだったら、また店にもどってきて飲んでますけど」

石井は、その言葉を聞いて、ますます怒り狂った。花形のあまりの図々しさが、許せなかった。

「いいか、おれが行くまで、花形をつなぎ止めておけ！　応援を向かわせる。絶対、帰すんじゃねえぞ！」

石井は、そう釘を刺すと、若い衆を集めにかかった。

石井は、思いつく限りの若い衆に連絡を取った。

「いま、花形が、『ロジータ』で飲んでる。おまえら、『ロジータ』に行って、飲んでろ。花形におごってもらうふうにしろよ。『あッ、こんばんは。何ですか、今日は、機嫌が良さそうですね。飲ませて下さいよ』って言うんだぞ。おまえたちが行けば、花形は『飲め飲め』ってやるに決まってる。どうせ自分の金じゃねえんだ。おれの金だ。いいか、必ず『一杯ご馳走してもらっていいですか？』って言うんだぞ。いいな！　おれも、後で行く」

花形を殺るには、拳銃しかない。石井は、拳銃を舎弟の森田雅に預けていた。花形が出入りする自分のアパートに拳銃を置いておくのは、あまりに危険である。石井は、そう判断して森田に拳銃を預けていたのである。

石井は、森田に電話をするとすぐ、世田谷区用賀一丁目の、森田の家に向かった。

石井の拳銃は、カナダ製のブローニング38口径である。石井は、預けておいた拳銃を受け取ると、すぐさま自分のアパートに取って返した。

アパートに帰るとすぐ、石井は、牧野に拳銃の使用法を説明した。

熱心に、拳銃の使い方を指導している石井に、美代子が訊いた。

「ねえ、花形さんやったら、何年入るの」

石井は、素っ気なく答えた。

「最低でも、十年は食らうだろう」

「そんなんで一生棒に振るんだったら、花形さんの下にいて、我慢すればいいじゃないの」

石井は、美代子を諭すように言った。

「いや、そんなことしていたら、この世界じゃ、生きていけねえ」

「そんな……」

夫が人殺しに行くのを止められないと知った美代子は、泣きじゃくりはじめた。

石井は、牧野に拳銃の使い方を教えた。それが終わると、綿密に計画を練った。

「『ロジータ』の前には、屋台のおでん屋が出ている。おまえは、そこで、『ロジータ』から出てくる花形を待て。そして、出てきたところを、撃て」

石井は、ついに古い友である花形を殺すことに決めた。

牧野に、花形を殺したあとの計画まで、話して聞かせた。

「おれは、森田の家にもどって待つ。首尾よく行っても、行かなくても、襲撃したら、報告しろ。いいな」

牧野がうなずいた。

「兄貴、逃げることができたら、森田の兄ィの家に向かいます」

「そうだな、逃げてこられりゃあ、女抱かして、自首させてやるよ」

石井は、牧野に話し終わると、バー『ロジータ』にあらためて電話を入れた。若い衆を電話に呼び出し、命じた。

「いいか、いまから家を出る。三時十五分になったら、花形を他の飲み屋に誘うんだ。『ここは飽きちゃったから、出ましょう』ってな。おまえたちが言ったら、花形は必ずついてくる。そしたら、こうするんだ。『大丈夫ですか、花形さん』、そう言って、花形の腕を持つんだ。腕、持ってやって、そのまま階段を上がって来い。出たところのおでん屋に、牧野を待たせておく。そこまで行ったら、おまえたちは後ろに下がって、ことの成り行きを見届けろ。おまえたちに、弾が当たっちゃ困る。さっと避けろよ。それで花形がどうなったか、報告しろ。後を尾けるんだ。おれは、森田の家にいる」

石井は、一方的にそれだけ言うと、電話を切った。

石井は、泣きじゃくる妻の美代子を残して、牧野と二人でアパートを出た。

石井のアパートの前で、森田が車にエンジンをかけて待機していた。

石井たちは、『ロジータ』に車を走らせた。

『ロジータ』の前で、牧野を降ろした。

石井は、車を降りる牧野の右肩を叩いた。

「頼むぞ」

口にこそ出さなかったが、手でそう語った。

森田と石井の二人は、車を走らせ、森田の家に向かった。

が、途中で、石井の気が変わった。石井は、森田といっしょに、国士舘時代の不良仲間、赤川信夫のやっている代々木にあるスナックに立ち寄った。自分たちのアリバイをつくるためである。

石井は、赤川に頼みこんだ。

「おれとずっといっしょに飲んでいた、と証言してくれよな」

「理由は、あえて訊かねえ。そう答えておくよ」

石井は、牧野に計画を説明するとき、こう言っていた。

「花形を殺って、そのまま逃げられるんなら、報告して、逃げてもいい。どうしていいかわからねえときは、おれのところへ来てもいい。が、後でバレそうだったら、絶対におれのところへ来るな。殺ってから、女抱こうが、何しようが、おまえの勝手だ。だが、朝までには、必ず自首しろ。いいな」

万が一、牧野に足がついて、石井のいる森田の家に来たことがわかれば、自分も逮捕される。せっかくのアリバイも、御破算になる。

石井は、森田に言った。

「一足先に、おまえだけ、家にもどっておけ」

「兄貴は、どうするんだ」

「おれは、どうしても、牧野が花形を殺るのを、おれの眼で確かめたいんだ」

「わかった。じゃあ、おれの家で待っているからな」

一人残った石井は、『ロジータ』に引きかえした。

石井は、『ロジータ』のそばの、銃声が聞こえるであろう、ぎりぎりのところに陣取った。自分がここにいるとは、誰にも知られない場所である。

石井は、ただただ銃声の聞こえるのを待ち続けた。

『ロジータ』で降りた牧野は、石井の指示通りおでん屋に入った。日本酒とおでんを注文した。ジャケットのポケットは、拳銃の重みで垂れ下がっていた。

時間は、もうすぐ真夜中の三時になろうとしている。三月といえども、夜は真冬とかわらぬ寒さである。牧野は、ポケットに手を入れ、拳銃をあらためて強く握り締めた。ブローニング38口径は、九連発である。

牧野は頭のなかで、石井に言われた忠告を反芻した。

「九発あるからといって、油断するなよ。外れたら、大変だ。なるべく、花形のそばまで行って撃つんだ。あれだけでっかい体だ。手を伸ばしたら、一、二メートルはすぐだぞ。だから、手が届かないところまで行って、いきなり撃てば、必ず当たる。場所は、どこでもいい。一発当たれば、必ず、グラッとくる。そしたら、二発、三発、四発と、続けざまに撃て。そして、倒れたら、喉と心臓と、とどめを三発、ぶっぱなせ。九発全部撃てよ」

おでんが冷めるのも気づかないほど、牧野は熱心に計画を反芻していた。そして、あらためて花形に対する憎しみを募らせた。

牧野は、酒にもおでんにも、ついに一口も手をつけなかった。何にも言わずに、五千円札を出した。

「釣りはいらねえよ。もう少し、ここにいさせてくれ」

牧野は、『ロジータ』の入口と時計とを、代わるがわるに見つめた。


午前三時二十分すぎである。花形は、森田の舎弟二人に抱きかかえられるようにして、店から出てきた。

屋台にいる牧野は『ロジータ』から出てきた花形の姿を眼に入れた。舎弟二人は、眼で牧野に合図した。

牧野は、素早く、花形の後ろに回った。

ブローニングは、オートマチックである。撃鉄を起こす必要がない。牧野は、ポケットから、拳銃を出した。

花形めがけて、かまえた。

先輩二人は、牧野のかまえたのを確認すると、花形を放り出すようにして、物陰まで走り去った。

酔った花形は、突然腕を離され、体のバランスを崩した。その場に、膝をついた。

「何しやがんでえ、この野郎！」

花形がそう叫んだとき、牧野が後ろから声をかけた。

「花形さん」

大きな体をゆっくり起こして、花形の疵だらけの顔が振り向いた。花形は、細い鋭い眼をいっそう細めて、牧野を見た。泥酔している花形の眼は、一瞬焦点が定まらないようにも見えた。が、自分に向けられている拳銃にすぐに気がついた。拳銃を持っているのは、同じ安藤組の牧野である。さきほど殴った牧野が、自分に拳銃を向けている。

花形は、牧野に背を向けたまま、ドスをきかせて低い声で言った。

「それはいったい、何の真似だ」

落ち着いた響きに、動じている気配は微塵もなかった。恐怖にかられたのは、逆に牧野の方であった。

花形は、くるりと体を牧野の方に向け直した。

一歩、二歩、花形は牧野に近づいてくる。

〈三メートルより、花形を近づけてはならない〉

そう思った牧野は、花形を牽制した。

「それ以上近づいたら、撃つぞ！」

花形は、牧野の言葉を無視して、もう一歩牧野に近づいた。

〈いま撃たなければ、殺される！〉

牧野は、夢中で拳銃の引き金を絞った。

暗闇と静寂の街に、銃声が響き渡った。

が、弾はそれた。花形には、当たらなかった。

本当に自分を殺す気だ、と悟った花形は、牧野にすごんだ。

「小僧！　てめえにゃ、おれの命はとれねえぞ！」

花形は、逃げようとしなかった。

花形は、弾を避けるつもりで、左の掌を前に突き出して、牧野に歩み寄った。

牧野は、後ずさりした。

また、一歩、花形の大きな体が近づいてくる。

牧野は、二度目の引き金を引いた。

すさまじい銃声とともに、花形の呻き声があがった。

「ウオーッ！」

花形は、右手で左手を押さえた。血がドクドクと流れ出した。

「小僧！　てめえ！」

弾は、楯代わりに出していた花形の左の掌に当たったのである。骨が、砕けていた。

三発撃たれた花形敬は、なおも撃った牧野昭二に近づこうとした。

右足を、前に一歩出した。

牧野は、続けて三発目を発射した。

弾は、花形の左腹を貫通した。

「ウゴッ……！」

生温かい血が、砂利道に弾け飛んだ。

花形は、さすがにその場に崩れ落ちた。

〈仕留めた！〉

崩れ落ちた花形を見て、牧野は確信した。

が、ドクドク流れ出る血を見て、牧野はにわかに恐くなった。牧野の頭のなかには、兄貴の石井福造が前もって釘を刺しておいたとどめを刺せという言葉は残っていなかった。

〈花形さんを、殺った！　花形さんを、ついに仕留めた。逃げなくちゃ、逃げなくちゃ！〉

そばに潜み銃声を確かめた石井は、そのまま森田雅の待つ世田谷区用賀一丁目の森田の家に向かった。

森田の家にもどってきた石井を、森田が出迎えた。

石井が、声をはずませた。

「あいつ、やったぞ！」

「そうですかい」

「仕留めたかどうかはわからんが、とにかくやった」

「おめでとうございます」

いっぽう牧野は、花形を撃つと、九発撃てるブローニングの中に六発もの弾を残して、バー『ロジータ』を離れ、タクシーを拾おうと道路に出た。

牧野は、狙撃に成功した報告を、一刻も早く森田の家で待つ石井にしたかった。牧野には、自分が焦っているのがよくわかった。

牧野は、道路の中央に出ると、タクシーを停めた。

「甲州街道を、用賀まで」

タクシーにあわただしく乗りこんだ。

永福町あたりにまで来たのだろうか、タクシーに乗っている時間が妙に長く感じられた。

〈兄貴に、知らせたい。兄貴のよろこぶ顔が、早く見てえ〉

牧野は、タクシーの中でただそれだけを考えていた。

森田の家に牧野が到着したのは、石井が来て三十分も経ったころであった。

牧野は、森田の家の玄関の戸を、激しく叩いた。

花形は死んだ、とわかっているのに、石井と森田は、花形がここまで追ってきて、戸を叩いているのかもしれないと思い、身がまえた。

森田は、奥の部屋に入り、日本刀を二本持ってきた。

森田は、一本を石井に渡した。

二人は、日本刀を上段にかまえたまま、声をかけた。

「誰だ、この野郎」

「牧野です！」

「なんだ……無事だったのか」

森田が、急いで戸を開けた。

牧野はタクシーを待たせたまま、玄関に立っている。

石井は、舌打ちした。

〈タクシーで、家の前まで、乗りつける馬鹿がいるかよ！〉

タクシーの運転手に怪しまれては、困る。石井は、後ろ手に日本刀を隠すようにして、玄関に出た。

「牧野、入って来い」

「いや、石井の兄ィ。タクシー代、払ってほしいんですけど」

「なんだ、渡したタクシー代は、どうした」

「それが、焦って、みんなおでん屋に払っちまいました」

あまり待たせて、怪しまれるとまずい。

石井は、タクシー代金を払いに行った。

タクシーに体半分乗りこむようにして、支払いをした。

タクシーの中が、妙に煙臭い。牧野がポケットに忍ばせていた拳銃から、火薬の匂いが漏れて、車内に充満していたのである。

〈あの馬鹿〉

石井は、支払いをすませると、黙ってタクシーを帰した。

タクシーの灯りが見えなくなると、牧野が大声で言った。

「やッ、やりましたッ！」

森田が、感慨深そうに言った。

「そうか、やったか」

石井も、聞き返した。

「本当に、殺ったんだな」

「本当に、仕留めました！」

石井は、牧野の言葉を聞いてやっと安堵した。

〈これで、枕を高くして眠れる。美代子といっしょに、何の心配もなく眠れる〉

牧野は、石井に報告すると、緊張が解けたのか、急にヘタヘタと玄関の上がり縁に座りこんだ。

花形敬を殺した――。

石井はそう確信すると、今度はこれからどうすればいいのか、を考えはじめた。

〈安藤社長に、どう言い訳をしよう〉

花形は、安藤組の幹部であり、石井の兄弟分である。石井は、仲間を殺したのだ。安藤組長に釈明しておかないことには、石井は間違いなく破門になってしまう。

いくら暴れ者といっても、破門がどんなことを意味しているのか、石井にはよくわかっている。破門になれば、やくざの世界では生きていけない。かといって、いまさらカタギになるつもりはなかった。

〈社長に、言い訳しなくちゃ〉

石井は、とりあえず安藤に言い訳だけはしておこうと思った。そうと決まれば、一刻も早い方がいい。

石井は、安藤の自宅に向かうことにした。

石井は、森田と牧野に言った。

「おい、これから安藤社長のところへ行くぞ。その前にマキ、おまえは、服を着替えろ。キナ臭くて、いけねえや」

火薬の匂いは、まだ牧野の体から臭っている。

石井は、さっそく四谷にある安藤の自宅に向かうことにした。

三人で、外に出た。吐く息が白く拡がる。もうすぐ、夜が明けようとしていた。

甲州街道に出たが、今度はタクシーに乗るわけにはいかなかった。

渋谷で花形が殺され、都内では警察の検問が行われているはずである。検問では、タクシーが一番最初に停められる。

石井は、牧野に命じた。

「おい、マキ。なんか、適当に車を停めろ」

牧野は、道路の中央に出ると、砂利をたくさん積んだトラックを停めた。

トラックが停まると、牧野は、勝手に助手席に乗りこんだ。

運転手にすごんだ。

「おい、四谷まで行け。金は出す」

運転手は、血走った眼の牧野を見て、腰が抜けんばかりに驚いた。

「たッ、助けて下さい」

「命は、とらねえ。四谷まで行け」

牧野が助手席から指でＯＫサインを出すと、石井と森田が乗りこんだ。

トラックは、用賀から甲州街道を通り、新宿に抜けた。案の定、新宿は警察が総動員で検問をしていた。

運転手は、運転しながらも、用賀からずっと震え続けていた。

トラックも、検問に停められた。

矢印に誘導されて、停まろうとする運転手に、石井が一喝した。

「おい、おれたちはおまえの仲間だと言うんだ。余計なことを言ったら、生きて車を降りれねえからな」

石井たちは、土方のふりをして、どうにか検問をくぐり抜けた。

石井たち三人は、ほっと溜息をついた。

が、安心したと同時に、牧野にトラックの運転手が泣きながら頼んだ。

「お願いします。もう、降りて下さい。仕事で練馬に行かなきゃならないんです。お願いします」

降りないで、下手に騒がれても危険だ。石井も、運転手にそう言われると、降りざるを得なかった。

石井は、結局タクシーを拾うはめになった。

一度検問を通ってしまえば安心だろう、と石井はタクシーを拾った。

タクシーの運転手が、石井に訊いた。

「何かあったんですか、急に検問がはじまって」

石井も、とぼけてみせた。

「さあ、知らないねえ。また、酒酔い運転の検挙じゃないの」

うまく運転手をかわしたと思った矢先、石井たちは、四谷の目と鼻の先のところで、また検問にかかった。

石井は、急に酔っぱらったふりをして、呂律のあまりまわらない口調で警官に訊いた。

「何か、あったんですか?」

警官が答えた。

「明日の朝刊を見てもらえば、わかるよ」

「ああ、そうですか」

石井は、警官の質問をうまくかわすと、ようやく四谷にたどり着いた。

が、安藤は、不在であった。

警察も、花形殺しで、躍起になって牧野を探している。明け方にあまりこの辺をうろついていてはいけない。そう判断した石井は、安藤の兄弟分である新宿の加納貢のところへ行った。

加納は、石井の顔を見ると、辺りをうかがうようにして、自宅に招き入れた。

「おい、花形をやったのは、おまえか」

石井は、落ち着いたふりをして答えた。

「はい。私がこの牧野に命じて、やらせました」

「そうか。だがな、花形は生きてるぞ」

「ええッ！」

石井も牧野も、腰が抜けるほど驚いた。

〈花形が、生きている……〉

石井は、背筋に戦慄が走った。

花形を『ロジータ』から連れ出した二人が、気を利かせて加納の所に連絡を入れたのである。

花形は、銃声を耳にして飛んできた近くのスナックのバーテンに助けられた。

花形は、そのままタクシーに乗せられて、渋谷区役所の横にある本間外科に向かった。

花形の傷は、左手第二、第三指の骨折および、左肩骨翼骨折で、全治四カ月という重傷であった。

花形は、そのまま入院した。

発砲事件ということで、花形のところには、すぐに警察がやってきた。が、警察の事情聴取に、花形は犯人の名前をついに明かさなかった。

「顔を知らねえ野郎だ。おめえらには、関係ねえ」

警察がいくら訊いても、花形の返事は同じであった。

業を煮やした警察が、花形に訊いた。

「顔を知らないやつなら、どんな格好をしてた。身長は、どれぐらいだ」

花形も、引き下がらなかった。

「おれより、でかいやつだ」

牧野は花形より、ずっと小柄であった。

問答を繰り返しているうち、ドクターストップがかかった。警察も帰り、病院内も落ち着きをみせた。

病棟の電気が消えた。石井に命じられていた見張りの二人は、任を終えたと思い帰ろうとした。その直後、花形は看護婦の目を盗んで病院を抜け出した。花形は、病院の窓を突き破って、逃走したのである。

病棟の電気がふたたび点き、病院内が騒がしくなった。

見張りの二人は、花形が抜け出したのを、病院内の騒ぎで気がついたのである。

死んだと思っていた花形が生きていた。しかも、石井と牧野を追って、病院から抜け出した。

石井は、自分でも顔から血の気が引いていくのがわかった。石井と牧野の命を狙って、花形が渋谷の街を徘徊している。石井は、生きた心地がしなかった……。

安藤昇の兄弟分である新宿の加納貢も事件との関わりについて直接私に語ってくれた。

加納は、石井福造が花形敬を殺らしたと聞くや、石井に言ったという。

「おまえ、まずいことしてくれたなあ」

石井も、加納に深々と頭を下げた。

「加納さん、すんません！　でも、おれはどうしても、花形が許せなかったんです」

加納も、怯えきった石井の顔を見入った。

「やったことは、仕方ない。とにかく、街をうろつくのはまずい。おれが手配してやるから、おまえたちは、そこから一歩も外へ出るな」

加納は、石井のために、さっそく四谷にあるホテルを取ってくれた。

石井ら三人は、加納に身を預けるようにして、ホテルに缶詰めになった。

石井は、ベッドに横になると、ようやく落ち着きを取りもどした。

いっぽう花形は、石井の行きそうな場所に、片っ端から顔を出していた。服は、血まみれである。が、どこへ行っても、石井の姿はない。花形を撃った牧野昭二の姿もない。

花形は、石井を探すのをあきらめると、そのまま焼肉屋に入った。

花形は、コップ酒をあおりながら、焼肉を三人前ほどたいらげた。

花形は、そのまま、電話で女を呼び寄せると、宇田川町の『岩崎旅館』に泊まりに行った。

二月十八日午前八時過ぎ、石井はホテルのフロントに電話をすると、すぐに朝刊を持ってきてくれるよう手配をした。

朝刊には、花形の一件は、何も載っていなかった。石井は思った。

〈まずいなあ……安藤社長が、手をまわしたんだ〉

石井は、急に妻の美代子のことが心配になった。花形は、カッとすると何をしでかすかわからない。ましてや、今回は殺されかかっているのだ。瀕死の重傷を負った花形が、自分の代わりに美代子を殺してしまったのではないか。

石井は、美代子に連絡を取ろうと思った。が、六畳一間のアパートに、電話などついていない。

〈美代子、無事でいてくれ……〉

石井は、自分の舎弟の玉置のところへ電話を入れた。

「おい、おれだ。石井だ。美代子は、無事か？」

「兄貴！　姐さんは知りませんが、花形さんは、朝の五時ごろ、血相を変えてやってきましたぜ。『石井はいるかッ！』って、手を包帯でぐるぐる巻きにして。いったい、どうしたんですか」

まだ、花形が襲われたことは末端までは知れ渡っていないようである。

石井は、玉置に命じた。

「美代子が無事かどうか、見てこい」

執念深い花形は、美代子のところへもすでに足を運んでいた。

美代子は、花形が来る、と予測していた。布団の上にきちんと正座をして、花形を待ち受けていた。

午前五時ごろ、花形は、扉を蹴り倒すようにして、石井のアパートへやってきた。美代子は、扉に鍵をかけておかなかった。花形は、土足のまま、部屋に上がってきた。

「石井は、いるか。牧野は、どこだ！」

美代子は覚悟を決めていたはずであった。

が、恐ろしい形相をした花形を見ると、どうしても、体の震えが止まらなかった。

美代子は、精一杯声を張り上げて言った。

「主人は、おりません。どうぞ、気のすむまで探して下さい」

花形は、美代子にそう言われるまでもなく、勝手に押し入れを開けて、二人の姿を探した。

が、狭い押し入れに二人も隠れられるはずがなかった。

石井の姿を見つけられなかった花形は、美代子をジロリと睨みつけた。

「おい、石井を、どこに隠した」

美代子は、うつむいたまま花形に言った。

「知りません」

花形は、美代子を正面に座らせると、左手の包帯をときはじめた。

左手の甲は骨が砕け、どす黒く腫れあがっている。そこに、まるで穴でもふさぐかのように、縦横に縫い傷が走っている。あまりのむごさに、美代子は悲鳴をあげるところであった。美代子は、吐きそうになるのを必死でこらえた。

花形は、左手を美代子の眼に押し当てるようにして言った。

「これを、見ろ。よく見ろ！　石井が、やらせたんだ。おれの命をとろうとしたんだ。おまえも、知っててやらしたんだろ！」

石井がやらせた、という証拠はどこにもなかった。だが、花形は、襲った若者が石井の舎弟の牧野である、ということをおぼえていてそう断言したのである。

美代子は、花形にすごまれても、一言も口をきかなかった。

〈殺すんなら、早く殺して〉

美代子は、半ばあきらめて、花形の判断を待った。

何を言っても口をひらかず、応じようとしない美代子の態度に、花形は業を煮やした。

花形は、苛立った。

「もういい。石井は、おれが探す！」

花形は捨て台詞を残して、石井のアパートを出て行った。

が、花形も美代子をこのままにはしておかなかった。

花形は、花田瑛一の舎弟である金井哲男に、美代子を見張っているように命じた。

「いいか、石井は、必ず女房のところにもどってくる。もどってきたところを、殺れ」

花形は、45口径の拳銃を、金井の手に握らせた。

石井のもとに安藤昇から連絡が入ったのは、二月十八日の昼の十二時をまわったころであった。

安藤は言った。

「おまえ、話は加納から聞いたぞ。花形は、夕べ病院から抜け出して、おまえを殺そうとふらついてて、いまもどこかその辺をふらついているらしいぞ」

「社長、すみません。でもおれ、どうしても花形の野郎を許せなかったんです」

「やってしまったことは、もういい。それより、今夜おれが一席持つ。やった牧野は、花形が見ると、その場で逆上しかねん。だから、牧野は連れてくるな」

安藤の問題への対応の早さに、石井は感心した。

安藤は続けた。

「いいか、石井。ことの次第は、すべて牧野が勝手にやった。おまえは、まったく知らなかった。いいな、夕方、そこへ迎えの車をやる」

安藤は、石井にすばやく指示を出すと、電話を切った。

石井は、安藤の言葉に肚をくくった。

〈おれが命とられても、何にも言えんな。花形が、生きてるんだからな〉

安藤が電話を切ってまもなく、安藤組の事務所に、花形がやって来た。

花形は、左手を包帯でぐるぐる巻いている。包帯は、乾いた黒い血の色をしている。

安藤は、少しも動じない様子で花形に言った。

「花形、おまえ撃たれたんだって。病院に入ってりゃいいものを、抜け出したそうじゃねえか」

花形は、安藤の顔を一瞥すると、腹立たしそうに言った。

「石井の舎弟が、やりやがったんだ！」

花形は、左手の包帯をくるくるとはずしはじめた。

「まあ、社長、見てやって下さい」

花形は、安藤に傷口を見せた。

左手は、縫合あとが縦横に走っている。

〈こんな傷を負って、病院を抜け出して来るんだ。懲りねえやつだ〉

安藤は、花形の無残な傷あとを少し見ると、そんなものは見慣れている、というふうに眼を逸らした。

横で見ていた若い衆が、訊いた。

「花形さん、痛くないんですかい」

花形も、怒ったように言った。

「馬鹿野郎！　人間ピストルで撃たれて、痛くねえわけねえだろう！」

安藤が訊いた。

「おい、花形よ。おまえ、撃たれたのはそこだけか。もっと深い傷を負ってるんじゃねえのか」

「いや、ここ一発と、腹なんですがね」

花形は、そういうと、いきなりズボンを脱ぎはじめた。脱いだズボンから、カランという乾いた音がした。安藤の足元に、パチンコ玉ほどの黒い塊りが転がった。

安藤は、何か、と思って黒い塊りを拾い上げた。黒い塊りは、ブローニング38口径の実弾であった。弾は、花形の体を貫通して、ズボンの折り返しにひっかかっていたのである。くしゃくしゃにひしゃげて、真っ黒になっていた。

安藤は、弾を拾いあげ、花形に見せるようにした。

「おまえ、こんなもの持ったまま、いままでどこをほっつき歩いてたんだ」

花形も、ふてくされた。

「酒飲んで、女抱いてたんだ」

重傷を負って女を抱いていたと言う。安藤は、開いた口がふさがらなかった。

安藤は言った。

「これから、おまえと石井との話し合いをやる。花形、逃げるなよ！」

安藤は、事務所を出て行った。

いっぽう石井は、安藤から神楽坂の料亭『満んげつ』に呼ばれた。

仲居にいざなわれるまま座敷に入ると、安藤組の幹部がほとんど揃っていた。安藤だけでなく、安藤の兄貴分の顔まで見える。石井は、ゴクリと唾を飲んだ。花形は、まだのようであった。

石井は、部屋の中央、安藤の正面に座らせられた。

石井が席に着いてまもなく、花形がけたたましい声を張りあげて入ってきた。

「石井！　どの面下げて、やってきた！」

横暴なふるまいの花形を、安藤が制した。

「場をわきまえろ、花形！　みなさん、おまえの来るのを待ちかねてたんだ」

さすがの花形も、安藤の言葉には従った。そのまま黙りこくって、安藤の左隣の席に座った。

花形は、向かい側にいる石井の顔を、ジロリと見た。傷だらけの顔が、執念深く蛇のように視線をからませてくる。が、石井は平気を決めこむような演技をした。

安藤が説明した。

「みなさん、ごぞんじのとおり、本日未明、うちの組の牧野が、横にいる花形を襲う、という事件が起きた。幸い、花形は一命を取りとめたが、ごらんのとおりの重傷だ。問題を起こした責任は、組長の私にある」

安藤は、花形に頭を下げた。

「花形、私からあらためてお詫びする。すまなかった」

花形が制した。

「社長、止めてくれ。社長は、関係ねえ。悪いのは、そこにいる石井だ」

石井に向かって立ち上がろうとする花形を、安藤が止めた。

「花形、これは石井の知らないことだ。石井も、舎弟の牧野の失態を詫びるためにここに来てるんだ。なあ、石井」

安藤は、石井に話す機会を与えた。

石井が詫びた。

「花形、今回は、本当にすまねえ」

花形が、石井の言葉をさえぎった。

「何だと、自分でやらせておいて。しらばっくれるのも、いいかげんにしろ！」

「本当に、知らなかったんだ」

「なにィ、そんなはずねえだろ、この野郎！　外に出ろ！　話をつけようじゃねえか」

花形が、立ち上がった。

「ようし」

石井も、受けて立つつもりで立ち上がった。

ふたりを止めようと、安藤も立ち上がった。

「止めねえか、二人とも！」

が、とにかく話をつけたくなかった花形は、安藤の手を振り切るようにして、座敷から出て行ってしまった。

表に出て行った花形のあとを、十人ほどの若い衆が引きもどすため追って出て行った。

花形は、ものの十分と経たぬうち、座敷に連れもどされた。

花形がもどると、安藤がみなの了承を取るように言った。

「おい、花形。おれが話し合う場を持ってやったんだ。喧嘩をしに集まったんじゃねえ。ちっとは、場をわきまえろ」

安藤は、花形を抑えると、石井をせかした。

「石井、今回の状況を、説明しろ」

「はい」

石井は、安藤との打ち合わせどおりの説明をはじめた。

「花形、牧野を殴っただろう。おれは、牧野から、事後報告を受けた。だが、やっちまってからじゃ、どうしようもない」

安藤が、追随するように言った。

「石井は、何も関係ねえんだ。花形、わかったな」

「……」

花形は、あさっての方向を向いてムッとしている。

「おたがい、仲直りしろ。花形、いいな！」

安藤は、声を張り上げた。安藤の大声にびっくりしたのか、花形は反射的に「ああ」と答えた。

安藤は、牧野に弁護士をつけ、五日後に警察に自首させた。

が、石井も、指名手配となってしまった。

花形を襲う際に評議した若い衆の一人が、ジャックナイフを所持していた件で警察に捕まった。

その若い衆が、花形を襲撃した際のことをしゃべり、石井の名前を、主犯として吐いてしまったのである。

が、石井は、捕まるわけにはいかなかった。石井が警察に捕まれば、石井が花形を殺せと示唆したことが、花形にわかってしまう。石井は、逃走することにした。

石井はその前に、妻の美代子に言った。

「おれは、今回はもう保釈がきかねえ。おれは牧野に、やれと言った覚えはねえ、と突っ張るんだ。保釈は、ききっこねえ。それに当分、出られねえ。おまえ、親に謝まって、実家に帰れ。親が勘当だとか何とか言っても、迷惑かけて悪かったと謝まれば、親はわが子がかわいいんだ。必ず勘弁してくれる。このアパートを引き払って、親元へ帰れ！　そのうち、他にいい男ができたら、結婚してもいいぞ」

石井は、逃走を決めこんだ。

が、石井は、まもなく捕まり、東京拘置所に移された。

拘置所に入って三週間目のことである。石井は、刑事に護送されながら、検察庁の取調べ室に向かっていた。取調べ室の廊下で、石井は供述の順番待ちをしていた。

「石井、取調べだ」

検察官がそう言ったちょうどそのとき、廊下の向こうから、「石井ッ！」と叫ぶ者があった。

なんと、花形ではないか。石井は、心臓が止まりそうであった。とっさに、刑事の後ろに隠れようとした。

〈こっちきちゃ、駄目だ。来るな！〉

刑事も、花形を石井のそばに来させないように、花形を手で追い払うような格好をした。

花形は、それでも石井のそばまでやってきた。

花形は言った
「なんだ、石井。何、隠れてんだ」

石井も、言い返した。

「隠れてなんかいない。おまえこそ、なんだ」

「いやな。おまえが嫌疑だけで捕まったってえのに、十日経っても、二十日になっても、一向に出てこねえから、心配して見舞いに来てやったんだ。そしたら、そこで聞いてみりゃ、おまえ起訴になったって言うじゃねえか。おれを殺ろしてねえおまえが、何で起訴になったのかなあ、と思ってさ。牧野が自分の意思でやったものが、何で、おまえが起訴になったんだい？」

花形は、わかっていながら、嫌味で石井に訊いている。

石井も、苦しまぎれの言い訳をした。

「なんだか知らないけど、起訴になっちゃった」

刑事は、ふたりの話を遮ろうとして、石井を取調べ室に入れようとした。さすがの花形も、これ以上は、入りこめない。

花形は、取調べ室に消えて行く石井に叫ぶように言った。声は平静であった。が、表情は、鬼のようであった。

「まあ、いいや。出たら、話をつけるからな！」

大声をあげる花形に、警察でさえ何も言えなかった。


石井は、素直な態度で供述したおかげで、前科があるにもかかわらず、情状酌量がついた。すなわち、保釈申請が通ったのである。

保釈を申請したのは、安藤の顧問弁護士袴田正であった。

石井は、袴田弁護士に頼んだ。

「私が出ることは、花形には内緒にしておいて下さい。知らせるのは、女房の美代子と、舎弟、それから、安藤社長だけにして下さい。おれが出所することは、他言は無用だ、ということを、念押しして下さい」

それからまもなく、美代子の実家にいた石井の前に花形の若い衆があらわれ、言った。

「さあ、花形の兄貴が、お待ちかねだ。いっしょに、来てもらいましょうか」

こうなってしまえば、仕方がない。石井も、肚をくくった。

「ああ、好きにしな」

石井は、ワイシャツの前をはだけ、下駄履きのまま、車に乗せられ連れて行かれた。

着いた場所は、渋谷の宮益坂の公園であった。

花形は、煙草をくゆらせながら、石井の着くのを待っていた。石井の姿を見ると、花形は、吸っていた煙草を地面に叩きつけるように捨てた。

花形の足元には、何本もの吸殻が捨ててある。長い間待っていた、といわんばかりに、花形は立ち上がった。

「おう、石井。あれ以来だなあ」

あれ、とは、検察庁でのことである。

石井は言った。

「ああ、あんときは、相手になってやれなくてすまなかったな」

「いや、別にいい。話は、いま、ここでつける」

花形は、両手を両方の上着のポケットに突っこんだ。

花形が取り出したのは、拳銃であった。拳銃を二丁、両手に握っている。花形は、拳銃に顔を近づけると、にやりと笑った。

「こいつのおかげで、大怪我よなあ」

花形は、右手の拳銃で鼻を掻くような仕草をした。掻きながら、左手に持っていた拳銃を、石井に突きつけるようにした。

「取れよ。石井。決闘としゃれこもうじゃねえか。サシで勝負つけるにゃあ、これが一番てっとり早い」

花形の眼は、殺気に満ちて刺々しいほどである。

石井は、花形の気分を少しでもやわらげようと、おどけた口調になった。

「西部劇じゃあるまいし、そんなのやだね。それに、決闘って、どうやんだい」

花形のあまりの殺気に、周りの若い衆も金しばりにあったように緊張していた。

花形は、ドスをきかせて言った。

「いいから、取れ！」

花形は、左手に持っていた拳銃を、石井の前に放り出した。

石井は言った。

「取れって言われても、おれはやだね。拳銃じゃ、やらねえ。それに、いまのおれは丸腰だよ。しかも、下駄履きだ。サシの勝負にゃ、不利すぎる」

花形は、石井を睨み据えた。

「汚ねえぞ、この野郎！　ハジキ取らねえんなら、ハジキのケツで、ぶっ殺すぞ！」

花形は、ハジキを握り上げ、石井を殴る格好をした。

石井は、花形の眼を見た。訴えるように見続けた。真剣な口調で言った。

「おれは、いいよ。好きなようにしろよ。花形、正直なことを言えば、おまえを襲わせたのは、おれだ。おれが殺らせたんだ。殺りそこなったのはおれで、花形は、たまたま助かった。一歩間違ってりゃあ、死んでた。おれが殺したんだ」

花形は、拳銃を振り上げたまま、黙って石井の話に聞き入っていた。

石井は続けた。

「おれは、殺そうとした人間に対して言い訳はしない。好きなようにすりゃ、いいじゃねえか」

石井にとって、一世一代の大博打であった。このまま撃ち殺されるか、半殺しですむか、どっちにしても花形しだいである。

石井は、そこまで言うと、花形に土下座するように、地面に手をついた。

花形は、沈黙したままである。

が、一瞬のち、花形は振り上げていた手を降ろし、拳銃を地面に落とした。

「おい、石井！　何で、おまえは謝ってくれないんだ。謝ってくれさえすれば、おれだってかたちがつく。どうにでも好きにしろ、って言うなら、しなきゃなんねえじゃねえか！」

花形は、怒り出していた。

石井は、思わず花形を見上げた。

「おい、石井、いままでのおれを知ってるだろ。おまえを殺るって言ってできねえわけじゃねえ。おれは、おまえが内輪だから我慢してるんだ。それを、いいようにしてくれって言うんじゃ、ひっこみがつかねえじゃねえか」

花形は、絶叫した。

「なんで、謝ってくれねえんだ！」

石井は、小声で言った。

「謝ってすむような問題じゃねえから」

石井は、言葉に詰まった。石井の両眼には、涙が浮かんでいた。

石井は、花形の優しさが、はじめてわかった気がした。

石井は続けた。

「謝って花形の気がすむんなら、おれはよろこんで謝らせてもらうよ」

石井も、絶叫した。

「花形、本当にすまなかった！」

花形は、脆いている石井の元に、駆け寄るように膝をついた。

「よく謝ってくれた。よく謝った……」

石井も、思わず花形の手を、両手で握り返した。

「ありがとう、花形。ありがとう」

石井の両方の眼から、涙がこぼれ落ちた。

花形が、声をはずませた。

「石井よ。さあ、出所祝いをはじめようぜ」

花形は、そのまま出所祝いと称して、飲めない石井を一日中引っ張り回した。

が、その花形も、のちに襲撃され、命を落とす……。

「喧嘩に強い花形敬でも組織に狙われたら最後だ」側近が語った最期の瞬間

昭和三十八年九月、渋谷で、安藤組幹部の矢島武信の若い衆だった田中眞一が抱えていた若い衆が、北星会の若い衆と乱闘事件を起こした。北星会は、銀座にシマを持つ岡村吾一率いる埼玉、群馬の博徒を結集した組織である。

その仲裁に、右翼の大立て者児玉誉士夫の門下生である町井久之率いる東声会の人間が入った。が、仲裁しきれなかった。

町井久之は、大正十二年に東京で生まれた。在日韓国人で、本名は鄭建永という。昭和二十年の終戦直後、朝鮮建国青年同盟東京本部副委員長となり、興行会社の「中央興行社」を設立。それらをベースに、愚連隊・町井一家が形成された。町井は、「銀座の虎」「雄牛」とも呼ばれた。町井は、昭和三十二年には、東京・銀座で、町井一家を母体として、「東洋の声に耳を傾ける」と云う理念のもとに、東声会を結成した。

東声会は、在日朝鮮人連盟（現：朝鮮総連）や在日朝鮮統一民主戦線などへの防波堤という意味もあった。

東声会は、その後、東京、横浜、藤沢、平塚、千葉、川口、高崎などに支部を置いた。構成員は千六百人と勢力を急拡大してゆく。

東声会の町井久之会長は、この年昭和三十八年二月、神戸市須磨区の料亭「寿楼」で、三代目山口組の田岡一雄組長と兄弟盃を執り行なっていた。この結縁式には、稲川会の稲川角二（のち聖城）会長、関根組の関根賢組長、住吉会の阿部重作名誉顧問、住吉一家四代目磧上義光会長が出席した。

つまり、ヤクザ世界で、東声会が正式に山口組の親戚団体になり、それまで以上に面子にこだわるようになっていたのである。

しかも、仲裁に入ったはずの東声会が、北星会の側についてしまった。岡村吾一も町井久之も、ともに児玉誉士夫で繋がっている。

そこで、また田中の若い衆が喧嘩を起こした。今度は、北星会ではなく、東声会の若い衆とであった。

田中眞一は、後先を考えないで突っ走るような雰囲気であった。私にありのままを機関銃によ うにまくしたてた。

田中は、安藤組の事務所のそばの『サボイヤ』という喫茶店でお茶を飲んでいた。そこに、若い衆が入ってきたという。

田中に、耳打ちをした。

「東声会の野郎に、やられました」

「なに！」

田中は、頭に血がのぼった。若い衆に、すぐに命じた。

「何がなんでも、そいつをすぐに探し出せ！」

若い衆は、すぐにその東声会の若い衆を連行してきた。

屋台で飲んでいるところを、無理矢理さらうようにして『サボイヤ』に連れて来たのである。

田中は、東声会の若い衆に訊いた。

「おい、この野郎、どういうわけなんだ」

東声会の若い衆は、何の弁解もしなかった。どうやら、仲裁に入ったはずの自分たちが仲裁しきれずに向こう側に寝返ったことを考え、このさい何を言われても仕方がない、とあきらめてのことのようだった。

喧嘩の理由以外は、その男は素直に答えた。

その男は、小川と名乗った。ボクシングの四回戦ボーイだという。

小川は、開き直った。

「どうにでも、してくれよ」

小川がそんな言葉を吐かなければ、結果は違うものになっていたであろう。その言葉を真に受けた田中は、「よーし」と言って立ち上がった。

小川を連れ、店を出た。

田中は、悔しそうに言った。

「この事件が、花形敬の命を奪うことになろうとは……」

田中は、小川を渋谷の公園通りのなかほどにあった海軍練兵場跡に連れて行った。

小川を、草むらに放り出した。

田中らは、円陣を組むように、小川を取り囲んだ。

小川は、覚悟を決めたらしく、眼を閉じ、歯を食いしばった。

田中らは、七人である。田中は若い衆の一人に、尺七寸五分の刀を持ってこさせていた。田中が愛用している刀だった。

田中は、若い衆たちを制した。

「おれが、やるんだ。おまえたちは、手を出すな！」

小川は、両肩を震わせている。

田中は、すぐ横にいた若い衆から刀を奪うように取った。蒼ざめて正座している小川に、吐き捨てるように言った。

「死ね！」

田中は、小川に斬りかかった。

小川は、その場にうずくまった。

田中は、今度は、刀を小川の腹に突き立てるようにして斬りつけた。

さらに引き抜き、また腹に斬りつけた。小川の腹から、腸がこぼれ落ちるのが見えた。

小川は、すでに気を失っていた。

〈死んでいるのか、生きているのか……〉

田中は、狂ったように斬り続けた。あとでわかったことだが、合計二十八カ所も刀で斬りつけていた。

田中は、われにかえると、見守っていた若い衆に命じた。

「タクシー、拾ってこい！」

「へい！」

田中は、血まみれの小川を、小川の背広の上着で覆った。その上から、若い衆が持ち合わせていた荒縄で、巻き上げるように縛った。

すぐにタクシーが来た。が、運転手は、異様な姿をした血まみれの小川を見て、びっくりして逃げ出してしまった。

若い衆が、すぐにもう一台のタクシーを呼んできた。

田中が、若い衆に叫んだ。

「てめえら！　今度は、タクシーを逃すなよ」

若い衆が、タクシーの運転席のドアを無理矢理開けると、運転手を捕まえた。運転手が抵抗するまもなく、血まみれの小川を後部座席に放りこんだ。

そのまま、近くの病院に連れこんだ。

すぐに、緊急手術になった。出血多量であったが、小川は、奇跡的に一命を取りとめた。

本来、ヤクザ組織同士ならば、「やった、やられた」の当事者が組織末端の少年の場合、双方の上層部の人間が出て行って、子分の不始末の解決を図るものだ。

「どうしてくれるんだ。このままじゃ……」

「じゃ、わかった」

と、こうなるはずだった。

ところが、当時の安藤組は、そうしなかった。田中眞一の一件では、安藤組側から東声会にアプローチすることはいっさいなく、交渉のホットラインも絶たれていた。いわば、やりっぱなしであった。

安藤組全体にこんな空気があったともいわれる。

「矢島さんのところの人間の眞一がやったことで、おれたちには関係ない」

のち右翼の大行社二代目会長として組織を率いる三本菅啓二は、当時安藤組のメンバーであったが、当時の安藤組には、組織としてケジメをつけて筋道を通すという発想が無かったと振り返る。

三本菅はのち稲川会に入り、その後、稲川会をバックにした大行社を引き受けることになるが、それゆえ組織の重要性がわかっていたと私に語る。

「やった以上は、最後までやり抜くのか。あるいはどこかで手を打つのか。手を打つのなら、早いほうがいい。やられたら、やり返してから話をつける。それがやくざの鉄則のはずだ」

かりに戦うのならば、組織内にこのような通達があってしかるべきだったという。

「みんな気をつけろよ。田中眞一の件は、まだ話をついてない。これは、組織全体に話をするべきなんだ」

ところが、そういう通達すらなかった。

要するに、昭和三十八年当時の安藤組には俯瞰的に組織を見て動かすという「組織力」が決定的に欠落していた。「組織力」さえあれば、自分のトップの命を狙われる前に、打つべき手管があったはずだ。

ひとつは、中間的な地位の人間が泥をかぶる。あるいは、ある特定の部隊だけが戦う。もちろん、肝心要の安藤昇が横井英樹襲撃事件でムショにいて不在だったのだからしょうがないと言えば、その一言に尽きる。

しかし、それを差し引いてもなお、あまりにも組織がバラバラだった。悪い意味での愚連隊根性が横溢《おういつ》していた。根源的に、それが愚連隊とヤクザの違いとも言える。「おれは、この組織の一員だ」という自覚に乏しかった。もっとも、そもそも安藤昇自身に、がっちりしたヤクザ組織体をつくろうという気持は薄かったとも言えるという。

九月二十七日の朝、安藤組の山下鉄に、友人である東声会の小倉から電話があった。

小倉は、花形殺害をほのめかした。

「今日やるんだ……」

山下は、つい大声を出した。

「今日!?」

小倉は言った。

「だから、鉄ちゃんだけは、花形のそばにいないで欲しい。頼んだぜ」

小倉は、それだけ言うと電話を切った。

〈今日、花形さんが危ない！〉

山下は、そのときの危機感をあらためて思い出すように私に語った。

さすが焦ったという。幸い、今夜花形と賭場で会う約束をしている。そのとき、遊びの金を渡すことになっている。

〈付添いは、佐藤の兄貴か、それとも……〉

花形が危ないとわかっていても、それを直接言うことはできない。

自分が東声会に知り合いがいることがいまわかれば、猜疑心の強い仲間は、自分に白い眼を向けるかもしれない。山下は、迷いながらも、約束の賭場へ向かった。

東声会の小川を半殺しの目にあわせておきながら、安藤組のだれも、東声会に詫びに行かなかった。東声会は怒り狂っていた。

「話し合いや詫びに来なけりゃ、安藤組のだれか一人を殺さなきゃしょうがねえ。頭の安藤を狙うのが筋だが、安藤はムショでいねえ。それなら、いま一番名の売れている花形を殺ろう」

安藤さえシャバにいれば、東声会との話はついていたのかもしれない。

山下は、賭場として借りた代々木の旅館の二階に着いた。すでに賭場は熱くなっていた。花形との約束の時間までは、まだ三十分以上もある。

山下は、先に博打をして時間を潰すことにした。勝負に勝てば、なんとなく花形も命が救われるような気がした。

山下は、必死でサイコロの目を読んだ。

〈つぎに丁がくれば、大丈夫〉

が、目は、裏目、裏目に出た。溜息をついているところに、花形がやってきた。

「なんだ、やられてんのか、しょうがねえな」

花形は、そう言いながら、手を出した。金を早くくれ、という意味である。

花形は、佐藤昭二と細田健といっしょであった。

山下は、花形に金を渡しながら訊いた。

「今日は、どこ行くんです？」

花形は、こともなげに言った。

「なあに、酒飲んで、早めに帰るさ……今日は、娘の咲子の誕生日だしな」

それを聞いて、山下は安心した。

〈花形さんは、この間住まいを変わったばかりだ。そこまでは、東声会の連中も探し出して手を出すまい〉

が、万が一ということもある。

山下は、いっしょにいた細田に言った。

「今日は、花形さん、特別な用事があって早く帰るそうです。心配ですから、申し訳ないですが、送ってってください」

「そうか、わかった」

細田の言葉も、山下には心強かった。

それだけ言うと、三人は賭場を出て行った。

山下は、出て行こうとする花形の自分よりひと回り大きい背中を見つめながら、今夜裏目裏目に出た丁半博打のジンクスを忘れようと、大きく首を振った。

賭場を出た花形は、したたかに酔った。佐藤、細田の三人で、渋谷の飲み屋をはしごした。夕立の中を駆けこむように入った栄町通りにある店に落ち着いた。

花形は、普段から青白い顔をしている。酒を飲んでも、決して顔に出ない。出るどころか、顔はますます青白くなる。

佐藤は、花形の血色の悪さを見かねて注意した。

「花形さん、もう切り上げたほうがいい」

いつもなら、いや、もう一杯と食い下がるはずの花形が、その日に限って黙っている。

佐藤は続けた。

「例の一件も、まだ話はついちゃいねえ。変な噂も耳にする。十分気をつけてもらわねえと……」

心配そうな佐藤の顔に、花形は、素直にうなずいた。

「そうだな、そうするよ」

佐藤の言っていた例の一件とは、田中眞一による東声会とのもめごとのことである。

話がついていないのは、その落し前がまだついていないという意味である。

同席していた細田が、花形に言った。

「花形さん、今日は車を置いて行って下さいよ。私が送って行きますから」

「そうだな、そうするよ。ところで、どっかで人形売ってるとこねえか」

「え、人形？」

「人形だよ、子供が抱く人形だ」

細田と佐藤は顔を見合わせた。花形と人形の組み合わせが、あまりにおかしかったからである。

花形は、二人の心中を察して言った。

「今日は、おれの子供の誕生日なんだ」

花形は、七つもの疵のある顔に笑みを浮かべ、飲んでいたグラスを大きく上に挙げた。

「咲子の三つの誕生日に、乾杯してくれ」

佐藤と細田は、笑いながらグラスを合わせた。

花形は、いままで見たこともないような優しい顔つきで、話し続けた。

「もう、おれの顔を見ると、パパ、パパって、うるせえうるせえ。朝も、おちおち寝てられねえぜ」

佐藤と細田は、花形の意外な一面を見て、また顔を見合わせていた。

三人は、人形を買うために外へ出た。

じつは、このときの花形の妻は、二人目の妻であった。前の妻の千鶴子は、昭和三十一年に花形が服役していた留守に、アメリカ人二世といっしょに駈け落ちしてしまったのである。

夜遅くて人形を売っている店は開いていない。ガード下の露店でテキ屋から人形を手に入れた花形は、すぐにでも家に飛んで帰りたかった。

花形は、三十分ほど前の細田の忠告を振り切るように、自分の車の止めてあった駐車場に向かって歩いていた。

花形は、自分の後を追うようについてくるふたりに言った。

「社長も、面接がかかったそうだ。もうすぐだな。社長が仮釈で帰ってきたら、おれはちょいと休みをもらって、子供とどっか旅行してくるぜ」

佐藤が言った。

「さてなあ、オリンピックの前になるか、後になるか」

細田が、口をはさんだ。

「花形さん、おれ、やっぱり送って行くぜ。そんなに酔っ払って運転したら、危ねえもん」

花形は、細田を振り切るように言った。

「なあに、酔っちゃいねえさ」

そう言いながらも、人形を抱きしめたまま、花形の肩は左右に大きく揺れていた。

花形は、愛車のルノーに乗りこんだ。ルノーは、図体がでかい花形には不釣合いなほど小さかった。

佐藤と細田は、花形が乗り込むところをじっと見ていた。

花形は、車に乗り込むと、窓から顔を出して言った。

「ふん、おまえたち、おれの車がちいせえって言いてえんだろう。おれはな、社長が帰ってくるまで、こいつでいいんだ。おれの体を運んでくれさえすればな……」

花形は、安藤が留守の間だけでも、贅沢をしないようにしようと、心に決めていた。

花形は、エンジンを吹かした。

細田は、もう一度花形に念を押した。

「花形さん、本当に気をつけてくれよ」

「大丈夫だよ」

花形は、そう言い残すと、勢いよく加速して消えて行った。

佐藤と細田は、まさかそれが花形の見納めになるとは思わなかった……。


花形敬は、このころには、難を避けるため、ひそかに渋谷のアパートを引き払って、二子多摩川の橋を渡り切った先のアパートに引っ越していた。

が、東声会も、連日安藤組の事務所前に張り込みを続けていた。そして、ついに、花形尾行に成功していたのである。

花形のアパートを突き止めた東声会は、花形を襲撃する計画を練っていた。

東声会は、組の面子にかけて、どうしても安藤昇の留守中の安藤組の長である花形を殺る必要があった。

いまや全国的に名のとどろいている安藤組のトップ、花形敬を殺れば、全国に組の名を売ることもできる。

町井会長は、田岡組長との兄弟盃をきっかけに、東京で派手な打ち上げ花火を上げたかったともいわれる。

が、いくら武装して花形を取り囲んでみても、花形には一分の隙もない。逆に、花形のほうが役者が一枚上手であった。

少なくとも、花形を昼間殺ることは、不可能である。

花形に夜襲をかける。東声会は、それで意見の一致をみた。そして、その実行の日が皮肉にも九月二十七日のこの夜であった。

事件数日前に、安藤組は、落合一家の高橋岩太郎総長から「東声会の町井久之会長に話し合いに行くように」と進言されていた。そこには、仲立ちする人間も用意されていた。しかし、決定的にタイミングがずれてしまう。高橋総長を交えての町井対談ができなかった。

そのころ、安藤組の事務所にいた三本菅のところに、落合一家の親分の高橋岩太郎総長から電話が入った。三本菅は、高橋総長とは、懇意にさせてもらっていた。

「三本菅か。東声会の空気が、ちょっと悪いぞ。動き出したみたいだから、気をつけたほうがいいぜ」

高橋は、東声会とのつきあいが深く、東声会の情報が耳に入るらしかった。

高橋は、さらに言った。

「東声会が狙うとすれば、花形だ。気をつけた方がいいぞ」

三本菅は、事務所にいるみんなに、高橋の話を伝えた。

さっそく、みんなで花形の居場所を探しにかかった。

が、いくら探しまわっても、花形の居場所はつかめない。

三本菅は、組織トップに迫り来る危機を知りながらもなお、そのトップに連絡がつかない愚連隊という組織の悲哀を噛みしめることになる。

東声会の小倉ともう一人は、九月二十七日、夕方から花形が新しく引っ越してきた家に帰ってくるのを待ち続けていた。

〈花形は、車で出かけている。だから、車で帰ってくるに決まっている。駐車場で待ち伏せしていれば、間違いなく襲える!〉

小倉たちは、花形の家の前の駐車場に停めてあるトラックの陰に隠れて、花形の帰りを待ち続けた。

午後十一時を回った。

もう六時間も待った。夏着のままでは、腕さえ寒く感じる。

小倉は、持ってきた紙の手提袋におもむろに手を突っ込んだ。

トラックの陰から、街灯のとどく位置まで体をずらし、中を確認した。

紙袋の奥に、きらりと光るものがあった。

刃渡り二五センチの柳刃包丁であった。小倉は、その柄を一度強く握り、また袋の中に返した。

そのまま灯のある場所で、左のふところをさすった。左の胸には、ホルスターにおさめたブローニング製の拳銃がひそめてある。

小倉は、これもまた正確に機能するかどうかたしかめて、ふところにおさめた。

小倉が、もとの暗がりにもどってまもなく、遠くから車のエンジン音が聞こえてきた。

小倉は、小声で相棒にささやいた。

「間違いねえ。花形のルノーだ」

待ちくたびれていた相棒も、背筋をただし、武器を確認した。武器は、小倉と同じ柳刃と拳銃である。

小倉は、最終確認をするように言った。

「いいか、ここらで拳銃ぶっ放せば、またたく間に響きわたって、おれたちはすぐ御用だ。拳銃は、おれたちの身が危なくなるまで使うな！」

ルノーは、小倉たちが隠れているトラックの隣に並ぶように駐車した。

花形は、かたわらに置いてあった人形をかかえた。車を降り、勢いよくドアを閉めた。

花形は、生涯で一度だけ、敵に背中を見せた。

車のドアに鍵をかけようとして、花形は人影に気がつき、振り返った。

小倉ともう一人は、トラックの後ろから花形をはさみこんでいた。

花形の不意をつくように、小倉が声をかけた。

「花形さんですか」

「そうだ」

次の瞬間、二人同時に、両側から花形に柳刃包丁を突き立てた。

ズブリ、という鈍い音がした。

「うッ！」

花形は、刺した男の顔を見た。

小倉の眼は血走り、顔を真っ赤に上気させている。

花形は、渾身の力をこめて相手を睨んだ。

声を限りに叫んだ。

「やりやがったな、ちくしょう！」

二人は、包丁を突き立てたまま、二、三歩後ずさりした。

花形は、咲子にプレゼントする人形を左手にかかえたまま、右手で胸のあばら骨の間をすべるように刺さっていた柳刃包丁を抜いた。手に、生温かい感触があった。

白いレースの人形が、真っ赤に染まって、そのレースの端から地面に血がしたたり落ちている。

「おまえら……」

花形は、右手の包丁を振り掲げながら、二、三歩前に歩み出た。

花形の顔は、縦横に入った傷が影を落とし、夜叉のごとく変貌している。

小倉たちは、恐怖にかられた。走って逃げ出した。

「うォー！」

花形も、襲いかからんばかりに、小倉たちに向かって走った。

が、二〇〇メートルほど進んだところで、崩れこんだ。

花形敬、三十三歳。ここに、力尽きた。

三本菅によると、花形がいくら喧嘩に強いといっても、組織に狙われたら最後だという。プロの殺し屋は、綿密な下調べをする。その結果を踏まえて、決行するのである。失敗はまず無いという。


安藤組の事務所には、花形の死を知るや、安藤組に縁ある者が、みな顔を出した。

小笠原郁夫も大塚稔も、みな真っ赤に眼を腫らしている。その場にうずくまって、声を上げている若い衆さえいた。

落合一家の高橋岩太郎総長の顔も見えた。

高橋総長が、今回の事件の発端を作った田中眞一のところにやってきた。

田中は、いたたまれなくなり、高橋に言った。

「すんません！　おれがあんなつまらねえことしちまったばっかりに！」

田中は、高橋に深々と頭を下げた。

高橋は、しなだれる田中の肩を二度、三度と叩いて言った。

「おい、眞一。死んでしまった者は、もうもどらないよ。それよりな、これが解決したらな、おまえをウチの養子にするつもりでいるからな」

田中は、高橋の説得もあり、自分の起こした傷害事件に自首することにした。

渋谷署に電話を入れた。

「おれは、三日前の渋谷の傷害事件を起こした田中眞一だ。おれは明日、必ず自首する。逃げも隠れもしねえ。だから、今日だけは、見逃してくれ。花形さんの骨だけは拾わせてくれ」

田中は、泣きながら訴えた。

明日の午前八時に出頭する、と約束して、田中は電話を切った。

が、田中がそのまま火葬場に向かうと、刑事が八人も来て、田中の身柄を預かった。

その場で、手錠をかけられた。

田中は、刑事に必死で訴えた。

「お願いだ。骨だけは拾わせてくれ。拾わせてくれたら、何でも言うことをきく。だから頼む。一生のお願いだ！」

田中は、じっと刑事の眼を見据えた。

田中の願いは聞き入れられた。田中は、手錠を嵌めながら、骨を拾うことになった。

火葬場の中に入ると、花形の母親の姿が眼に入った。

田中は、花形の母親である美以とは初対面であった。横にいた若い衆の一人が、小声で教えてくれたのである。

花形の母親は、小さくて、腰の少し曲った、とても物静かで上品な女性であった。

手錠姿の田中のもとに、美以がやってきた。

田中の眼をじっと見つめながら、彼女は声をかけてきた。

「あなたが、シン坊という人ですか」

田中は、ひたすら謝って、許してもらおうと思った。

「すみませんでした！　すみませんでした！」

三本菅は、ただちに花形の復讐に動いた。三本菅は、誰かに「殺れ」と命じられたわけではなかった。あくまで自分で行動したのであった。

東声会の会長、町井久之の命を狙った。

町井会長が、港区麻布に住んでいることを知っていた。

細長い路地の突き当たりの二階建の町井会長の家に向かった。

報復を恐れたのか、門は、鉄板や卓球台で厳重に閉ざされていた。

三本菅は、仲間とふたりで、路地の角で町井会長の帰りを待ち続けた。三本菅だけは、ふところにハジキを忍ばせていた。

が、何日待っても町井会長は自宅に帰ってこなかった。

あとでわかったことだが、町井会長は、韓国へ行って留守であった。

矢島武信は、花形の葬式に際して、祭壇に飾られて仏になった花形に誓った。

〈花形さん、きっとこの恩は返しますぜ〉

いっぽう前橋刑務所にいた安藤昇が、花形殺害の事実を知らされたのは、昭和三十九年八月のことであった。事件発生から、およそ一年が経とうとしていたころである。

もちろん、娑婆では安藤組と東声会が揉めだしたことなどはまったく知らない。ただし、花形の、突っ張る性格は気がかりではあった。

そのころ安藤は、委員面接という仮釈審査を受け、出所を前にしていた。それだけに花形の悲報は、いっそう衝撃であった。

安藤には、花形が可愛くてならなかった。巷間言われる通り酒乱の気はあったものの、人間の性根がさっぱりしており、そこが好きだった。

安藤は、残念でならなかった。

〈もうひと足早く出ていれば、彼を殺すような真似はさせなかった……〉

昭和三十九年九月十五日の正午、安藤昇は、ついに出所した。懲役八年のうち二年は拘置所、六年の刑務所生活のはずが、四年になった。二年の仮釈放をもらっての社会復帰であった。

安藤は、出所した翌日、世田谷区経堂にある花形の実家を訪問した。花形の実家へは、山下鉄ら若い衆五人も同行した。花形の死から一年あまりも経つ。

山下は、花形が服役していたとき、ひそかに花形に頼まれていた。

「なあ鉄、頼みがあるんだ。おれがムショ入ってるときに、おふくろの誕生日がくるんだ。おれは、おふくろに毎年スプーン送ってるんだ。悪いけど、今年はおまえが買って、おふくろのとこへ届けてくれよ」

山下は、約束どおり、花形の母親の誕生日にスプーンを買い、花形の実家を訪ねた。花形の母親は、まるで息子が帰ってきたようによろこび、もてなしてくれた。

花形には似合わず小柄で品のある母親の姿に、意外な感じがした。

山下は、花形の母親に頼まれ、花形の公判の裁判に同行した。その法廷で、花形の母親は、裁判長にこう証言した。

「敬が、悪いんじゃありません。私の教育が、悪いんです。私は、敬に、『喧嘩には絶対に負けるな、帰ってくるときは絶対勝って帰ってこい』と教えてきました。その私の教育方針が、間違っていたのです。敬に罪はありません。私は、ここで敬に言います。『今度からは、負けて帰ってきて下さい』と。敬の罪は、私の罪です。どうか裁判長、私のその罪もお裁きください」

花形の母親は、泣きながら裁判長に訴えた。山下には、そのときの花形の母親の毅然とした態度が忘れられなかった。

花形の母親の美以は、安藤の顔を見ると、さすがに息子の死の悲しみを思い出したらしく、涙を見せた。山下も、花形の母親を見て、また涙を誘われた。

花形の母親は、涙声で安藤に言った。

「安藤さん、あなたさえいてくれたら、敬もこんなことにはならなかった……御免なさい。もう愚痴を言うまいって誓ったはずなのに、あなたの顔を見たら、つい……さ、敬もあなたが来てくれてとてもよろこんでますよ。お線香をあげてやってください」

やさしい花形の母親の言葉が、安藤の胸に鋭く突き刺さった。

応接間に上がると、机に祭壇が設けてあった。真新しい位牌の横に、花形の遺影があった。遺影の花形は、やけに淋しそうに見えた。

安藤は、思わず花形の遺影に語りかけた。

〈花形、おまえ、どうしておれの帰りを待てなかったんだ！〉

安藤は、机に手をつき、うつむいた。眼から、堰を切ったように、涙があふれ出てきた。

花形の母親が、涙している安藤に、やさしく話しかけた。

「安藤さん、紅茶を入れましたよ。それから、このクッキー、私が焼いたんですけど、敬は、『これはうまい』と言ってよく食べてくれました。いっしょに、食べてやってくださいね」

いままでこらえていた山下も、声をあげて泣きはじめた。

安藤が言った。

「花形のことは、本当にすまなかったと思っています。おふくろさん、じつは頼みがあります。花形家の墓地に、花形の墓を建てさせてほしいんです。それから、慰霊祭もさせて下さい。申し訳ない。本当に申し訳ない」

安藤の出所一カ月後、花形敬の墓の建立と同時に、花形の慰霊祭が、世田谷区豪徳寺で行われた。慰霊祭には、三百人もの弔問客が参会した。

安藤はその席で、できたばかりの花形の墓に頭から酒をかけた。

「花形、おまえの好きな酒だぜ。思うぞんぶん飲んでくれよ……」

が、安藤には花形がまだ生きているような気がしてならなかった。花形は、安藤の心の中で、永遠に背中を見せないで生き続けていた。

安藤組大幹部で伝説のインテリヤクザ西原健吾はなぜ射殺されたのか

安藤昇は、昭和三十九年九月十五日、前橋刑務所から出た。

安藤がムショから出てきたことにより、渋谷の街での錦政会（現稲川会）三本杉一家と安藤組の対立は、ますます激化していった。

昭和三十九年十月末、安藤組と錦政会三本杉一家が揉めた。

十一月初旬、事態を収拾するために、九州小倉出身で、國學院空手部出身の安藤組大幹部西原健吾と三本杉一家の中原隆が雀荘で会うことになった。西原はこの世界では珍しく、温和な性格の男だったが、いざ修羅場になると腹のすわった度胸千両のインテリやくざであった。

私は、稲川会の稲川聖城会長をモデルにした『修羅の群れ』を書いていたので、安藤組の敵であった稲川会側の中原隆からも詳しい話を聞くことができた。

中原によると、雀荘に着くと、雀卓を囲んで西原に対したという。

麻雀が始まった。雀卓を囲む四人のメンバーのうち二人は、西原関係の人間のようだった。

中原は、拳銃が無ければ、西原たちに襲撃される可能性もあった。

中原は、左のふところに入れた38口径スミス&ウェッソンを、わざと西原にチラチラ見せた。右利きの中原は、左ふところに拳銃を入れていた。敵陣に一人乗り込んだ中原も、拳銃で武装していることを誇示しつつ、会談にのぞんだのである。じつは、このとき中原が左ふところに拳銃を入れていることを誇示したことがあとで、安藤組との争いで大きな意味をもつことになる……。

麻雀をしながら、会談が始まった。西原は言った。

「これからは、お互いに仲良くやっていきましょう」

西原としても、揉めてゴタゴタするよりは、むしろ三本杉一家と協力していこうということにしたのである。そのように、安藤組と三本杉一家の間で、相互不可侵条約が結ばれた。

中原は、三本杉一家の幹部クラスに伝達した。

「これからは、安藤組と揉めるようなことはしないように」

ところが、相互不可侵条約発効間もない十一月六日、渋谷区宇田川町プリンスビル地下三階のバー『どん底』で、三本杉一家の人間が三本菅啓二たち安藤組に牙を剥いたのである。

村野昭南など幹部以下、若い衆のなかには日頃から安藤組への憤懣を募らせていた者が少なくなかった。三本杉一家内の連絡不行き届きというよりも、若さに任せたエネルギーの爆発を食い止められなかったとも言える。それこそが、数百人に膨れ上がっていた三本杉一家の勢いでもあった。

十一月六日、『どん底』で、安藤組の小池賢二と若い衆の三本菅が酒を飲んでいた。『どん底』

は、西原健吾が面倒を見ているバーであった。

このバーには、出口がひとつしかない。要するに、襲われれば逃げ場がない。このバーでも、安藤組の若い衆は、しばしば岸一派に襲われていた。が、何度もこの店で襲われていれば、逆に安藤組の連中も、あの店は危ないということで、自然と足が遠のく。安藤組の連中が行かなければ、三本杉一家の連中も店に出向く意味がない。

三本菅によると、じつに一年前にバー『ランプ亭』でアイスピックを刺された一件以来、三本杉一家の襲撃を気にかけて行動するようになっていたという。が、自然と三本杉一家もこの店にあらわれなくなったことから、小池と三本菅の二人は、ふたたびこの店に顔を出すようになったのである。


この夜、小池と三本菅が『どん底』で酒を飲みはじめて三十分ほどしたころであろうか。ビールをもう一本注文したとき、入口のドアの外が、にわかに騒がしくなった。

〈なんだ、うるせえな〉

三本菅がそう思ったときには、すでにドアが開き、八人もの男がなだれこむように店に入ってきた。男たちは、この店にあらわれるはずがないと思いこんでいた三本杉一家の若い衆であった。手に手に、日本刀を持っているではないか。

三本菅も小池も、さすがに、一瞬体が凍りついた。

〈どうする?〉

三本菅と小池は、目と目を合わせた。

三本菅はいつも、護身用にドスを忍ばせていた。が、この日は、たまたま持っていなかった。

そのうえ、二対八である。勝負は、戦う前から歴然としていた。小池の眼は、あきらかに恐怖に怯えていた。

〈逃げ出そう、助っ人を呼ばなきゃ〉

小池は、何も言わずに立ち上がると、入口のドアに向かって走り出した。

小池が、入口のドアに着こうというとき、三本杉一家の一人が、横からドアの前に立ちふさがった。

「おう、ずいぶん急いで、どこに行くんだい、兄ちゃん」

小池も、虚勢を張った。

「どけよ、急いでるんだ」

「何の用事か知らねえが、連れをほっとくっていうのは、感心しねえな」

幸い、立ちふさがっている男は、あわてたせいか、席に日本刀を置いてきている。

三本菅や小池たちがここにいるということを聞きつけての襲撃であろう。

そのとき、三本杉一家の若い衆の一人が、両手で日本刀を構えて、小池に向かって突進した。

ブスリ――。

鈍い音がして、小池に日本刀が突きささった。

「痛てえ！」

小池の胸ではなく、尻であった。

その男に続くように、残りの三人も、小池に斬りこもうとしている。一瞬遅れれば、小池が殺られる。

そう判断した三本菅は、相手の一人に飛びかかった。

「てめえら、安藤組を、なめんなよ！」

三本菅は、足でその男の股間を思いきり蹴りあげた。

「ウオー！」

急所を蹴られた男は、その場にうずくまった。

三本菅は、小池に、その隙に逃げろと眼くばせした。

が、日本刀で尻を刺されている小池は、足がもつれて、うまく逃げ出すことができなかった。

それでも、必死で、ドアを開けて階段を駆け上がった。

三本杉一家の者たちが、いっせいに小池を追って店から出た。

三本菅も、ここからは、自分ひとりで八人を相手にすることになった。

三本菅は、腹を決めた。

〈どうせやつらは、おれをさらいに来たんだろう。生きて恥をかくぐらいなら、ここで死んだほうがましだ。よし！　ここが死に場所だ〉

三本菅は、立ち上がってカウンターを乗り越えた。肉切り包丁をつかんだ。

肉切り包丁を持って階段を駆け上った。地上に出た。

三本菅は、八人の敵を睨み付けた。

「おい、なんだよ」

相手の一人は、不敵に言い放った。

「事務所に、来てくれよ」

やはり、さらいにきたのである。

三本菅は叫んだ。

「何言ってんだよ！」

すると、四十にもさしかかっているだろうか、一番兄貴分と思われる一人が、三本菅に日本刀で斬りかかってきた。

「てめえ！」

男は、三本菅に向けて、大きく日本刀を振り降ろした。

間一髪、三本菅は、体を右にかわした。

三本菅は、そのまま肉切り包丁を相手に叩きつけるように斬り降ろした。

男は、背広を着ていた。胸から腹にかけて、背広の上着ごとざっくりと切れた。血が、ドバッと吹き出した。

相手の鮮血が、雨垂れのように三本菅の顔を濡らした。

男は日本刀を投げ出して、その場に倒れこんだ。のたうちまわっている。

出血量に驚いたのは、三本菅だけではない。仲間が切られた三本杉一家の人間も、びっくりすると同時に、いきり立った。

三本菅は、さらに肉切り包丁で別の男に襲いかかった。

相手は、左によけた。そのとき、スッという音がした。

三本菅は、生温かい血を顔からかぶった。眼に入りそうになり、あわてて横を向いた。

「ウアウアアアアツ！」

男は、左の耳をおさえてうずくまった。血は、後から後から泉のように吹き出してくる。

八人中三人は、すでに三本菅の闘志に恐れをなしたのか、それとも日本刀では手こずるので拳銃でも取りに走ったのか逃げた。

三本菅が三人目に狙ったのが、三本菅たちにさんざん喧嘩を吹っかけてきた斎藤忠であった。

三本菅は、追いかけていって、背後から斎藤の頭に斬りつけた。

「ギャーッ」

積年の怨みを晴らす一太刀であった。

三本菅は、三人ほど斬ったところで、気がつくと自分のレインコートと靴が真っ赤なペンキを塗りたくったようにベトベトになっている。大量の返り血であった。

が、仲間がいなくなったのに、一人だけ、なお立ち向かってくる男がいた。

村野昭南である。村野は、のちに稲川会の六代目三本杉一家総長になる人物である。

「てめぇ、この野郎！」

村野は、日本刀を振りかざしてきた。

〈くそ度胸のあるのがいやがる！〉

三本菅は、そう思いながらも、瞬時に右上から肉切り包丁を村野の額から眉間にかけ振り下ろした。

村野の額が割れ、血が吹き出した。

三本菅は、肉切り包丁を持ったまま、渋谷区神宮前の宮下公園まで走った。

その下の川に肉切り包丁を捨てると、青山にある『東興業』の事務所に走った。

事務所には、まだ西原たち数人が残っていた。

そこへ、三本菅が返り血を浴びて、赤く染まった顔をして帰ってきた。事務所は、騒然となった。

三本菅が、大声で叫んだ。

「兄貴！　小池が、やられた！」

西原も、声を張り上げた。

「何！　死んだのか！」

「いや、生きてる。だが、怪我をしてる。いまごろは自分で病院に駆け込んでるだろう。心配ない。それくらい元気だ」

西原は、三本菅の顔と服が血だらけになっているのを見て訊いた。

「おまえは、大丈夫なのか」

三本菅は、不敵に笑みを浮かべた。

「これは、返り血でさあ」

三本菅は、ソファにどっかと腰を降ろした。顔からレインコートから靴まで全身返り血の赤銅色だったが、不思議なことに三本菅自身は、傷ひとつ負っていなかった。

西原が訊いた。

「やったのは、三本杉一家の者か」

三本菅は、黙ってうなずいた。

西原は、怒り心頭に発した。

〈話をつけたばっかりなのに！〉

相互不可侵条約を結んだ矢先、三本杉一家側の裏切りであった。

とはいえ『どん底』の一件は、じつのところ中原が命じたわけではなかった。が、安藤組側は、当然ながら中原が命じたと考えたのである。

西原は、声を大にして言った。

「安藤組が、これ以上なめられてたまるか！　社長も帰ってきたんだ。やってやろうじゃねえか！」

いままでは、社長が帰るまで、社長が帰るまで、と耐えに耐えてきた。が、ここにきて、安藤が帰ってきたことで、西原の溜まりに溜まっていた欝憤が爆発したのである。

西原は、三本杉一家に報復すべく、近くにいた体格のいいのを五、六人集めた。

「三本杉一家も、怪我人が出てるんだろう。いま行けば、手薄になってるに決まってる。やるなら、いまだ」

西原の下にいた三本菅によると、西原は、國學院空手部のOBでもあったが、金銭面では厳しかったという。三本菅にも教えた。

「金は、借りちゃ駄目だ。借りたら、利息がつく。恩を受けることにもなる。その人に、従いたくなくても、従わざるをえない場面も出てくる」

西原は、学生時代から喧嘩はめっぽう強かったが、礼儀作法も厳しかった。それでいて、変に親分がることもなかった。垢抜けしていて尊敬できた。

西原は、男として腹は座っていた。いわゆる算盤勘定もできた。硬軟併せ持つ西原は、金儲けも上手かった。

仕事でいえば、興行もそのひとつ。興行とは、人脈が物をいうものである。

西原は、当時、飛ぶ鳥を落とす勢いの映画俳優石原裕次郎、その兄である石原慎太郎ともいい仲だった。石原慎太郎は、昭和三十一年に『太陽の季節』で芥川賞を受賞し、参議院議員、衆議院議員を経て、現在東京都知事である。

三本菅も、石原兄弟が住む逗子の森戸海岸まで連れて行かれたことがある。

石原慎太郎は、『男の業の物語』の第五回「安藤組と私」で西原の喧嘩の強さについて語っている。

『最初に知り合ったのは、若頭とも言うべき西原で、私の弟が逗子の海岸で知り合い、気安く彼を私たちの持つ小さなヨットに乗せてやった縁で、当時は國學院大学の空手部の主将をしているという快活な青年とすぐに仲よくなった。

その彼が葉山の森戸に合宿所を構えていた慶応の水泳部の学生たちと悶着を起こし、その夜森戸で果たし合いをする、相手は八人、西原は一人というので私たち兄弟が助っ人として手を貸そうかと名乗り出たら一笑され、あんたらは黙って横で見ていてくれと言われて出かけたが、西原の強さは圧倒的で彼の空手の技は冴えに冴えてほとんど一瞬にして慶応の学生たちは全員薙ぎ倒されてしまったものだった。』


西原は、若い衆たちを武装させると、そのまま渋谷区南平台にある三本杉一家事務所へ向かった。

三本杉一家の事務所は、閑静な住宅街の真ん中にあった。当時、南平台には、岸信介元首相の自宅があった。それだけに、付近は警察の警備も、厳重なるものがあった。事務所は、ごく普通のしもたや風の一軒家で、石段を上がったところに、ピンク色に塗られた観音開きの門があった。「三本杉一家」という看板が掲げられていなければ、普通の住宅と見まがうばかりである。

西原は、呼び鈴のない入口の門を、けたたましく叩いた。大声で怒鳴った。

「中原、出て来い！」

いっぽう中原は、事務所のなかでじっとしていた。そのまま出て行かなかった。なんと、手持ちのハジキがゼロだったのである。

もっとも中原は、安藤組が南平台事務所にまで来るわけがないとタカをくっていた面もあった。そのいっぽう、戦争する気だけは満々だったので、武器を事務所以外の場所に散らして保管させていた。つまり事務所だけが、盲点だったのである。

追いつめられた中原は、肚をくくり文房具のハサミを分解し始めた。

〈しょうがない。刃物になりそうなのは、ハサミぐらいなものだ……〉

ほかに武器といえば、木刀のみ。事務所には、十人ほどが詰めていたが、徒手空拳では戦えない。

中原は、ハサミを片手に握りしめ、表に出ようとした。

そのとき、岸悦郎総長の姐さんが、制止した。

「出ちゃ駄目よ！」

じつは、そのころ、トップの岸をはじめ、主だった幹部たちも懲役に行っており、娑婆を留守にしていた。姐さんとしても、これ以上人員が減ると、三本杉一家の存亡に関わると危惧を抱いていたわけである。

にっちもさっちもいかない。

中原は、絶体絶命だった。もしも、安藤組が、その時に無理やりにでも攻め込んでいれば、中原たちは一巻の終わりであった。

さらに、そこには、岸悦郎の懐刀である代行の佐野代行もいた。しかも丸腰である。娑婆に残った三本杉一家の中核は、一瞬にして全滅しかねない。娑婆にいる幹部を失えば、組織は崩壊状態になってしまうに違いない。岸総長は、刑務所のなかで、組織壊滅の報を聞き途方に暮れるという構図もじゅうぶんありえる。

まさに八方塞がり。中原の脇の下に、タラリと冷たい汗が流れた。

いっぽう、西原たちは、三本杉一家事務所の中から応答がないことをいぶかしく思った。

何度も戸を叩いた。が、物音一つ聞こえてこない。

裏へも回りこんで見た。事務所の電気は消えている。

西原は、舌打ちをした。

「誰もいねえのか……」

いっぽう中原は、ハサミを握りしめながら、体中から蒸気が沸き立つような緊張に包まれていた。

ジリジリと時間だけが過ぎていく。

その瞬間である。表で、車のエンジン音がした。なんと、西原たちが、その場を去ったのである。

中原によると、西原も、薄々は事務所に中原がいることは感づいていたと思われる。しかし、なんらかの理由で攻撃を躊躇した。少なくとも中原は、「躊躇した」と思った。

もしも中原が西原の立場ならば、扉を突き破ってでも乗り込んでいたはずだ。そうなれば、安藤組が、息を吹き返す可能性もあった。

ポイント・オブ・ノーリターン。

安藤組が三本杉一家を叩き潰すチャンスが、エンジン音とともに立ち去った。

中原は、西原の躊躇は、安藤昇の錦政会入りの話に配慮したものだと推測した。

西原が安藤社長の行く末を案じれば、必然的に、錦政会配下である三本杉一家との決定的な対立関係は避けねばならぬ。西原が二の足を踏んだのは、臆病風に吹かれたのではなく、安藤社長のことを思えばこそだったのではないか……。

理由はどうあれ、中原は、ほっと胸をなでおろした。まるで、切っ先が心臓を一センチ逸れたようなものだった。奇跡的にも、命が長らえた。そして三本杉一家の命も……。

その夜、西原は、事務所にもどると、そのまま散会した。

翌七日、安藤組の事務所の幹部たちは、一堂に会して三本杉一家対策の今後の方針を決めることになった。

安藤は、まだ熱海で静養中である。

道玄坂を上りきった国道二四六号線の角のところにある喫茶店『ライムライト』で、安藤抜きで話合いが行われた。

話合いに顔を揃えたのは、西原健吾、矢島武信、山下鉄、西条剛史、小池賢二、大林善久男、三本菅の七人である。

著者の私は、矢島から詳しい話を聞いていたが、そのとき矢島が、口を切ったという。

「このまま、いつまでも三本杉のやつらとの喧嘩をひきずっていくわけにもいかねえ。何とか決着をつけなくちゃな……」

西原健吾が、訊き返した。

「じゃあ、どうするんだい」

「とにかく、これ以上渋谷の街ん中で抗争を続けていても決着がつかないことはたしかだ。三本杉一家と、一度話合いの場を持つしかない」

矢島は、賭博場などで、南平台に進出してきた三本杉一家の幹部とは何度か会ったことがある。その幹部に話をしてみようと考えていた。

三本菅が、口をはさんだ。

「冗談じゃないですぜ。話合いだなんて、おちゃらけてもらっちゃあ」

こちとら殺されかかったんだ。三本菅の奮然とした顔は、いかにもそう物語っていた。

西原も、三本菅の意見に賛成した。

「おれもそう思うな。こんな場面で話合いをしたって、喧嘩のさなかなんだ。どっちがいいとか悪いとかなんて、問題は関係ない。第一、万が一話がついたとしても、こっちの立場が弱くなるのは目に見えてる」

三本菅も言った。

「おれも思うんです。おれ、まだガキだけど、相手はきちんとした博徒でしょう。上下関係もぴっちりしてるはずだし、下同士で話しても、トップがうんと言わなきゃ、同じなんじゃないですか」

矢島は、ずっと黙りこんでいる。

西原が言った。

「とにかく、いまは話し合う時期じゃねえ。じつは、おれはいまあることを画策してるんだ」

矢島は、ギロリと西原を睨んだ。

「画策してる?」

「そうだ、画策だ」

西原は、神戸に付き合いのある人がいた。その人に、前々から言われていた。

「いやあ、この間、山口組のお偉いさんが言ってたよ。『山口組も恐いもの知らずだが、東京にも、安藤組っていう恐いもの知らずがいる。手を組んだら、さぞかし恐いだろうよ』ってな」

山口組は、日本でも有数な組であった。

西原は、啖呵を切った。

「社長はどういうか知らねえが、おれは山口組と縁を組むかもしれねえ。それくらいの覚悟でやってるんだ。文句は言わせねえ」

横井英樹襲撃事件に関わった島田宏は、刑務所から出てきてまもなく肺を病んで入院したまま、安藤組の仕事とは絶縁状態になっていた。西原は、安藤組の中の西原グループを守り切ろうと、必死になっていた。

山下鉄が、意見を取りまとめるように言った。

「とにかく、まずは社長に相談すんのが、一番いいんじゃないですか」

矢島が制した。

「いや、社長はまだ帰ってきたばかりだ。しかも静養中だ。話が耳に入らないうちに、話をつけた方がいい」

山下はうなずいた。

「うん、それもそうだな……」

矢島が、一段と声を張り上げるように言った。

「ことは、穏便にすますのが一番だ。おれが明日にでも三本杉一家に電話を入れてみる。会って話をつける段取りにする。それが壊れてからでも、襲うのは遅くねえ」

七人は、喫茶店を出るとそれぞれ別れた。

西原と矢島は、事務所へもどった。

矢島は、すぐに三本杉一家の中原隆に電話を入れた。

電話を受けた中原は、安藤組のなかでも矢島を話がわかる人物だと見ていた。会えば「矢島さん」と呼び、礼も尽くしていた。仲良しというほどではないが、話ができる相手というわけである。それゆえ、安藤組としても、矢島が自分とのパイプに適任だと思ったに違いないと読んだ。

矢島は、二対二での話し合いを提案した。

が、中原は、突っぱねた。

「一人じゃなきゃ、おれは駄目だ。矢島さんだけなら行くけれど、ほかの人間が来たんじゃ行かない。こっちは事務所まで来られているんだから。一対一で会うんだったら、出て行くよ」

が、結局二対二で会うことになった。

約束は、十一月七日土曜日の午後六時に神宮外苑にあるレストラン『外苑』で会うことになった。

中原は、38口径スミス&ウェッソンを握りしめた。

〈きっと、西原もやってくる。おれは、西原を必ず殺すことになるだろう〉

襲撃後の逃走経路も綿密に計画した。

三本杉一家の先輩たちも、中原に加勢しようとレストラン『外苑』に来ることになった。しかし、あくまでも、話し合いの席には多勢では顔を出さないという段取りであった。

中原は、いつも修羅場に連れていた相棒を探した。が、たまたまいなかった。そこで、偶然事務所に入ってきた桜井正美に声をかけた。

「桜井、おまえ、来いよ」

『外苑』では、二対二の真剣勝負になるはず、どうしても相棒が必要だ。

桜井は、急遽、中原と『外苑』に向かうことになった。

拳銃が無いので、自分で柳刃包丁を買いに走った。桜井は、かつて不定期刑で十年ほど少年院にいたことがある強者だった。さらに板前経験があるので柳刃包丁がしっくり手に馴染んだようだ。桜井は、レインコートの下にそれを潜ませた。

背広姿の中原とレインコートを着た桜井は、レストラン『外苑』に向けて車を走らせた。

いっぽう矢島は、三本杉一家から話合いの約束を取りつけたことで、ひとまずほっとした。

〈これがうまくいって社長に報告できれば、花形さんを見殺しにしてしまった恩返しにもなる……〉

謝るところは潔く謝る。それでも駄目なら、安藤社長にケツをもってもらえばいい。矢島は、そう思って話合いにのぞむことにした。


十一月七日、外苑は秋晴れであった。

矢島は、話合いには、西原と二人で出向くことにした。

グレーのダッヂに乗り、西原と矢島、三本菅の他二人の若い衆を連れ、合計五人で『外苑』に向かった。

西原は、万が一のため、ふところに拳銃を忍ばせようとした。が、矢島が、それを制した。

「約束なんだ。入るときに身体検査でもされたら、それだけで話は壊れる」

西原も、矢島の言葉に納得し、丸腰で話合いにのぞむことになった。

外苑前は、晩秋の夕暮れどきのせいか、人影もまばらで、閑散としていた。午後五時五十分、外苑の前に着いた。

矢島と西原は、三本菅ら三人を車に待たせ、レストラン『外苑』に向かった。

階段を上り、二人はレストランの中へ入った。待ち合わせは、二階席である。

レストランは、思ったよりもすいていた。

あたりを見回してみた。中原隆は、まだ来ていないようであった。

二人は、手近なテーブルに陣取った。矢島は、西原を奥の席に座らせた。

万が一、殺し合いにでもなれば、手前にいる自分が盾になって、西原を助けてやることができる。西原を助けてやることが、花形敬に対する罪滅ぼしになる。花形殺害事件の発端をつくった田中眞一は、そもそも矢島の若い衆だったのである。矢島はそう考えて、西原を奥に座らせたのである。

階段をドスドスという音を立てて、男が上がってきた。

矢島は、時計を見やった。ちょうど午後六時であった。

中原が『外苑』に到着すると、すでに安藤組の人間を乗せたグレーのダッチが表に一台待っていた。

中原は、ダッチを横目に、ひとりで『外苑』の二階に上がっていた。

そこには、矢島のほかに西原がいた。

〈やっぱり、西原が来たな……〉

中原は、踵を返して階下に降りて行った。

一階の外で、桜井が車の横で小便をしていた。中原は、桜井に声をかけた。

「早く来いよ」

中原は、桜井を連れ添い二階へ向かった。想定通りの展開となった。

矢島は、もう一人のレインコートの男を品定めでもするように見た。レインコートの左胸が盛り上がっているのを見逃さなかった。

〈あの野郎、刃物を持ってやがる！〉

しまった、と矢島は思った。矢島は、西原が万一のときのことを考えて、ふところに拳銃をしのばせようとしたのを止めていた。

矢島は、西原に気をつけろ、と知らせたかった。が、もうふたりは自分たちのテーブルのところまで来ていた。矢島は、ほぞを噛む思いであった。が、ここまで来たら仕方がない。

〈なるようにしかならん。来るなら、きやがれ！〉

矢島は、開き直った。

中原が通路側である右側、桜井は奥の左側に、どっかと席に腰を下ろした。いざとなれば中原がまず動けるように通路側というわけであった。

テーブルをはさんで、中原の正面が矢島で、桜井の向かいが西原だった。

西原は、中原の背広の左胸に素早く眼を走らせた。一週間ほど前に中原と麻雀屋で交渉したときには、黒光りするスミス&ウェッソンを左胸のふところにこれみよがしに入れていた。ところが、今日は、中原の背広の左胸にふくらみがない。西原は察した。

〈中原は、丸腰だ〉

いよいよ、二対二の話し合いが始まった。

矢島と西原は、不可侵の約束を反故にされたことに苛立っている。いっぽう中原は、自分がさらわれそうになったことに対しては癪にさわっている。

元を正せば、中原たち三本杉一家が約束を反故にしたのだから、筋論でいえば、やはり中原が悪い。中原は、会談当初は低姿勢でのぞんだ。

矢島は迫った。

「きのうのケリは、どうつけるんだ。怪我人も出てるし、放っておけないから、こうしてやって来たんだ」

西原も、怒気を露《あら》わにした。

「これからは、共存共栄だったはずじゃないのか!」

確かに、不可侵条約を破ったのは三本杉一家のほうだった。

しかし、低姿勢だった中原は、急に逆切れして居直った。

「そうは言っても、おれは、昨日、さらわれそうになったんだ。それは、どうしてくれるんだ!」

中原も必死だった。自分を正当化しなければ、金を出さなければならなくなる。ヤクザである以上、安目は売れない。

話し合いは堂々巡りだった。

中原が、腕を組んだ。中原は、鼻で笑うように言った。

「ふん、だったら、渋谷から出て行くんだな」

西原は、中原を睨みつけた。

「なんだと」

「だから、渋谷から出て行けって言ってるんだ」

渋谷にいるのは、安藤組の方が早い。矢島も、中原の一言で頭に血がのぼった。

「それは、おまえの考えなのか、組の考えなのか」

「そんなこと、どっちでもいいだろう」

矢島が食ってかかった。

「おまえたちは、話にきたのか、喧嘩にきたのか、どっちなんだ！」

中原は、また繰り返した。

「話つけたきゃ、おまえたちが渋谷から出て行くんだな」

「そんなふざけた話、聞くわけねえだろ！」

話し合いは、二、三十分すぎてもなお折り合わなかった。

レストランのそばに待機している三本杉一家の先輩たちが、もたつく中原に苛立っていた。

〈遅い……。中原の野郎、道具を持って行って、殺るという体制をとっているのに、まだ始末をつけねえ。いったい、何をやっているんだ！〉

ついに二階に上がってきて、いくつかのテーブルに着いた。

矢島は、あたりの異変に気づいた。レストランに入ってきた二組の客は、どれもこれも男同士の客ばかりである。しかも、その男たちは、自分たちの方をちらちら横目で見る。矢島は、その男たちを、どこかで見たような気さえしてきた。

〈どうもおかしい……〉

話し合いは、なおつかない。

最後に、中原が叫んだ。

「もう、渋谷から出ていけ！」

そのとき矢島の眼の端に、周囲に散らばるように座っていた男たちが、音もなく階段を降りて行くのが入った。

〈おかしい、やばいぞ！〉

話し合いが、二時間にもおよんだ午後八時十分ごろだった。矢島が、立ち上がりかけた。

その瞬間、レインコートを着た桜井の方が先に反応していた。

「この野郎！」

パッと立ち上がると、コートの下に隠していた柳刃包丁を振り上げるや、矢島のこめかみを斬りつけた。

〈あッ！〉

矢島は、一瞬眼をつぶっていた。矢島の頭に、ガツンと、殴られたような鈍痛が走った。何が起きたのか、自分では一瞬判断できなかった。

矢島は、崩れ折れ、床に手をついた。

気がついて、もう一度立ち上がろうとした。そのとき、矢島はもう一度斬りかかられた。眼の下が、横なぎに切られた。

そのとき、西原の怒りが、ついに爆発した。西原は、立ち上がると、テーブルに手をかけた。テーブルをひっくり返そうとした。

「小僧！　よくも、なめやがったな！」

その瞬間、テーブルをはさんで西原の斜向かいにいた中原は、〝右ふところ〟から〝左手〟で拳銃を取り出した。西原は、てっきり中原は丸腰だと思っていただけに、虚を衝かれた。

〈拳銃を、右胸に隠していやがったのか！〉

それこそが、中原の心理戦の効果だった。

そもそも西原は、空手の達人である。いくら中原が拳銃を持っていようと、それだけでは、西原にはかなわない。まず、十中八九やられる。西原には隙がないのである。

じつは、三本杉一家は、一カ月前から西原を狙い続けていた。もちろん拳銃装備の殺人部隊である。しかし、西原には一部の隙もなく、安藤組の取り巻きもまるで哨戒機のように周囲を徹頭徹尾警戒していた。蟻の這い入る隙もないとは、まさにこのことだった。

中原は、思案していた。どうすれば、西原の隙が突けるか。

中原は、一週間ほど前に雀荘で西原に会っている。そのときは、左ふところに入れていた拳銃をこれみよがしに見せつけた。一転、『外苑』では、わざと右胸に拳銃を潜ませ、あたかも素手のように装い、西原に油断させたのである。

しかし、利き腕でない左手で、銃を抜くことは難しい。そこは、抜け目のない中原、あらかじめ左手で銃を抜く練習をしていた。

中原は、ついに練習していた左手で拳銃を抜いた。持ち替えず、そのまま左手で西原めがけて撃った。

西原に命中した弾は、一発は、腹を食いちぎった。拳銃から出た炎が中原の左手に降りかかった。バックファイヤーの跡は、後年まで残るほど左手の火傷になっている。が、その刹那、中原自身は、無我夢中で熱いとも痛いとも感じなかった。

中原は、ふたたび拳銃の引き金を引いた。

二発目は、西原の喉から肩に抜けた。

中原は、また拳銃の引き金を引いた。

三発目は、西原の心臓の横をかすめ、貫通した。

中原は、さらに四発目の引き金を引いた。ちょうど向い側のビルでは、会議の中であった。矢島の頭をかすめた弾は、なんと、斜め上へ飛び、幅三〇メートルの通り一つへだてて新築中の『主婦と生活社』本社ビル三階のガラス窓をぶち破った。その部屋は、工事の設計管理をしているNOUS設計事務所の一室で、所員ら五人が計画会議の真最中であった。厚さ六ミリのガラスに穴があき、蛍光灯をかすめ天井近くのベニヤ壁につき刺さった。そのとき会議中の設計士たちが、たまたま下を向いていた。顔を上げていれば、弾に当たって死んでいたといわれる。民間人を巻き込んでいれば、中原の求刑は無期懲役だった可能性もあった。

とはいえ、一発外したものの、四発中三発は命中したのだから、中原の左手もなかなかのものだった。左手では、銃弾発射時の反動は大きく、連射は難しい。が、それを差し引いても、西原が巨漢だったうえ、近距離で撃ったことが命中率を高めていた。

中原は、連射しながら後ずさりするように逃げた。

もしも西原が立ち上がってきて、中西に覆い被さってくれれば、手負いの熊の反撃のようにやられるに違いない。中原は、血だらけの西原から目を離さなかった。

拳銃は、38口径スミス&ウェッソンだったが、激しい音は外に漏れなかった。レストランは、それほど広かった。

いっぽう外でグレーのダッチに乗って入口を見張っていた安藤組の三本菅ら三人は、まさか西原が狙撃されたとは知らなかった。

三本菅は、江ノ島の海の沖に舟を出し、先輩たちが見張ってくれているなかで、45口径の拳銃の襲撃の練習をしていた。音が耳に響くので、耳に綿を詰めていた。それゆえ、拳銃の音を聞けば何口径か察しがついた。45口径の音は、バーン、バーンバーンと重い。38口径の音は、パン、パンパンと軽い。三本菅は、今回38口径の軽い音を聞いて、隣のボーリング場で花火でも上げたのだろうくらいにしか思わなかった。

西原は、中原が逃げ去ったあとの虚空を睨みつけた。

「汚ね……え……」

西原は、勢いよくテーブルをひっくり返した。が、その場に蹲り、息絶えた。ベージュ色の絨毯に、鮮血がしみ広がった。

中原は、階下に駆け降りた。降りきって、振り向いた。

二階から矢島が鑑賞用の植木鉢を投げているのが見えた。一心不乱に逃げる中原は、植木鉢を投げる矢島に恐怖を覚える余裕すらなかった。

矢島は体勢を崩し、その場でよろめいた。

「畜生！」

階段のところで、そのままその場に座りこむように倒れた。矢島は、そのまま意識を失った。

いっぽうダッチに乗りこみ、入口を見張っていた三本菅の眼にも、二人の男がレストラン『外苑』から飛び出してきたのがわかった。

〈あいつらだ！〉

中原と桜井は、止めてあった車にあわてて乗りこむと、すぐさまエンジンをかけた。

中原は、あらかじめ逃走経路を綿密に計画していた。事務所には行かない。別の地点に向かう算段をしていた。車は、前もって考えていた地点に向かって走り出したかに思われた。

いっぽう三本菅らも、丸みをおびたダッチを発進させた。

が、逃走する中原たちは、余裕を持っていた。中原は、助手席に座りながら、弾倉から空の薬莢を抜き、新しい弾をこめることを忘れなかった。

三本菅は、大声で言った。

「あいつらだ！　何としてでも、捕まえろ！」

もう一人の若い衆が言った。

「でも、車に乗ってるんですぜ。あのスピードじゃ、前に回るなんて無理だ！」

「じゃあ、体当たりしろ！」

「おう！」

三本菅たちは、ダッチで中原の乗った車の後ろからぶつかって止めようとした。ドーンという大きな音とともに、車はぶつかった。

中原たちは、さすがに驚いた。が、中原たちの車は、横にずれただけで、車の右側を電柱に擦りつけながらも、なお走り続けた。

三本菅らは、前を走る車を追ってはいたが、中のふたりが、西原を撃ってきたとは知らなかった。それでも彼らの異常さに気づいていた。

三本菅らのダッチは、彼らの前に付くかたちになった。

中原たちは、左横にすり抜けるようにして、二四六号線をまっすぐ渋谷方面に逃げて行った。

夜八時過ぎ、二四六は、非常に混雑していた。その中を、中原たちの車は猛スピードで逃げていく。

三本菅たちは、追い続けた。

そのとき、三本菅は、はじめて前の車から男が身を乗り出し、自分たちに向かって拳銃を撃とうとしていることに気づいた。が、三本菅は高をくくっていて気にかけなかった。

〈こんなスピードで飛ばしてるんだ。まぐれ以外あたるはずがない〉

中原は、逃走中、車の窓を開け、三本菅たちのダッチ目掛けて銃撃した。

ダッチが近づけば、撃つ。撃てば、ダッチはあとずさる。徐々にダッチは後方に離れていった。

予定では中原たちは、事務所ではなく別の地点に向かうつもりだった。が、運転手が何を勘違いしたのか、南平台の三本杉一家事務所に乗り着けてしまった。

岸悦郎総長の舎弟分である幹部のひとりが、そわそわしながら事務所から飛び出してきた。中原に、八つ当たりした。

「なんで、事務所に来たんだ！」

中原は、そんな幹部の怯えと、運転手の不手際に苛立った。

中原は、土足のまま事務所に上がりこんだ。

「ふざけんな！　こっちは、体をかけてきたんだ！」

中原は、そう啖呵を切ると、そのまま事務所の外に出た。

カッカしながら、事務所の近所をぐるっと回ると、近所の大きな屋敷の塀の中に、ポンと拳銃を放り投げた。とりあえず拳銃を隠し、あとで取りに来ようと思ったのである。

中原は、拳銃を処理して、事務所に戻ろうとした。そのとき、中原らを追って来た三本菅らを乗せたダッチが事務所前に着いた。

三本菅たちは、中原の姿を見つけるや、あわてて車を止めた。

三本菅は、車内にあったバットを持って外に飛び出した。中原に声をかけた。

「てめえ、待ちやがれ！」

三本菅の姿に気づいた中原は、一目散に事務所内に駆けこんだ。

三本菅が追いついたか、というとき、玄関の扉は閉められた。

「この野郎、このままですむと思ってんのか！　必ず、やっつけてやるからな！」

三本菅は、バットを思いきり扉に叩きつけると、車へもどった。三本菅が車に乗りこんだとき、パトカーのサイレンが聞こえた。

三本菅たちは、ふたたびレストラン『外苑』に向かって、車を走らせた。

十一月九日、西原の葬儀が、雨のそぼ降る中、大田区蒲田の自宅でしめやかに行われた。

安藤が姿をあらわしたときには、幹部たちが殺気だった声をあげていた。

「おい、これからでも、仇討ちに行こうじゃねえか！」

前の日の晩、西原の郷里である九州・福岡から、急を聞いて母親が駆けつけてきた。

安藤は、まだ母親に正式にあいさつすることができないでいた。早くしなければ、しなければと思っていたが、葬儀の準備やなんかで、そのきっかけを失ってしまっていた。

祭壇に飾られた西原の遺影は、何の屈託もなく、にこやかに微笑んでいる。この明るさが、生前の西原を偲ばせ、弔問に来る客ごとに涙を誘っていた。

読経の中、焼香が続く。

出棺を目前にして、僧侶が棺桶の上の錦布をはずし、棺の蓋を開けた。

西原の顔は、傷もなく、寝ているように穏やかな顔をしている。が、そのすぐ下の首すじは、弾痕を隠すために、真っ白なガーゼがあてられていた。

このとき、安藤ははじめて西原を見た。

首筋のガーゼがあまりに痛々しく、安藤は眼をそむけそうになった。

〈いや、西原の供養のためにも、おれはこの西原の姿を見とどけなければいけない。西原を殺したのは、このおれだ〉

安藤は、こぼれ落ちそうになる涙を必死でこらえようとした。

参列者が、一人一人、菊の花を死者にたむける。

安藤も、西原の体に花をそえた。

最後の一人が花を置き、顔を残し、西原の体が菊の花で埋もれた。

そのとき、いままで耐えに耐えていた母親が、動かない西原にすがりついた。

「健ちゃん!」

老いた母親は、肩をふるわせ泣き崩れた。

母親は、しがみつくように西原に添い、花をかきわけるように、泣きながら頬ずりをした。

「健ちゃん!　健ちゃん!」

老母は、何度も自分の息子の名を呼び、頬をすり寄せた。

安藤は、西原の母親が、早くに夫を亡くし、女手ひとつで西原を育て上げたことを知っていた。

一人息子に先立たれた哀れな老母の姿を目のあたりにして、安藤の体の中は、自責の念でいっぱいになった。

老母は、なおも西原にすがりつき、話しかけている。

「健ちゃん、おまえ、どうしてこんな姿になってしまったの!　健ちゃん、お母さんですよ。わかるわね、痛かったろうにね」

息子を亡くした悲しみに身をよじる母親の姿が、安藤には耐えられなかった。

安藤は、自分の体が震えているのに気づいた。胸がきりきりと締めつけられ、手足の感覚がなくなっていた。

安藤には、それが、さながら針の筵《むしろ》に座らされたような痛みに思えた。

生きた子に語りかけるような母親の言葉を耳にしながら、安藤は考えていた。

〈おれは、西原よりも何年も多く生きている。花形を犠牲にし、西原を犠牲にし、おれは他人の命を散らせた分だけ生きながらえている。かわいい舎弟たちを犠牲にしてまで、求めていたものは、いったい何だったんだ！〉

時間が来て、そろそろ出棺だというのに、老母はまだ西原の遺体から離れようとしなかった。組の幹部たちが、無理矢理棺から剥がすように母親を連れてきた。

母親は、安藤に、泣き腫らした眼を向けた。

安藤の背中に、戦慄が走った。

老母は、安藤に言った。

「子供が親より先に逝くなんて、こんな不幸なことはありませんよね」

安藤は、背中を後ろから叩っ斬られたような気がした。

言い知れぬ孤独感が安藤を襲った。

〈こんなことを、続けていちゃいけない。止めるなら、いましかない……〉

血で血を洗う果てしない抗争。いま、そこに終止符を打つときがきた。

安藤の気持は、複雑だった。

刑務所まで訪ねてくれ、放免祝いまでする稲川聖城会長率いる錦政会の下部組織に、西原を殺されたのである。

安藤は、老母に土下座して謝った。

「お母さん、おれが悪かった。すまなかった。もうこんなことは、二度とさせない。組は解散する。どうか、許して下さい！」

式場は、一瞬、水を打ったように静まりかえった。そして誰もが、わが耳を疑った。

そこで、安藤が解散を決意するのだが、もしも東興業を単独で維持して行く方法があるとすれば、西原を殺した錦政会も敵に回し、花形敬を殺した東声会も敵に回し、闘争を続けるということになる。しかし、安藤は、その道を選ばなかった。

安藤は思った。

〈このまま東興業が闘争を続ければ、また何人も、死ぬ。刑務所に行く者も出るだろう。それは、あまりにも辛い……〉

組を解散して、ヤクザの道から足を洗うことは、獄中でも考えていたことかもしれない。しかし、つい先ごろ、可愛がっていた子分の一人西原健吾が無謀な若者に射殺された。その葬儀に九州から上京した母親が、息子の死体を抱いて泣き崩れる姿を見たとき、はっきりと「安藤組解散」の決意は固まったという。

安藤昇は、安藤組を解散し、のちに映画俳優としての第二の人生を歩んでいく……。

多くの死者を出した工藤会九州大戦争は、こうして収束した

田中組の田中新太郎組長は、北九州市小倉北区赤坂二丁目「サファリマンション」一階102号室の奥の十五畳の居間で炬燵に入り、テレビに見入っていた。

田中組長は、九州小倉で最大の勢力を誇る工藤会の最高幹部であった。愛人も、いっしょに、炬燵に入っていた。彼女はクラブを経営していて、店に出る前であった。

昭和五十四年十二月二十三日午後五時二十分過ぎであった。

この日は朝から雨が降り続き、この時刻にはとくに激しく、叩きつけるように降っていた。

田中組長は、不意の物音に玄関の方をふり返った。

田中組長は、これまで二度ほど襲われていた。そのため、あたりには慎重に気を配っていた。

突然、鍵をかけていたはずの玄関の鉄扉が開き、一人の男が侵入してきた。

男は、濡れた紺の戦闘服を着ていた。

齢は、二十四、五歳か。背は一六五、六センチで、青白い長い顔をしていた。頭髪は五分刈りで、眼つきは鋭い。

若者は、ブーツのような靴をはいたまま、土足で奥の居間にまで飛びこんできた。

田中は、そのときになって、若者が誰だか思い出した。

身の危険を感じた田中は、一瞬立ち上がろうとした。

若者は、工藤会と対立する草野一家系極政会の組員であった。

「何だ、おまえ！」

若者は、さらに田中組長のそばに歩み寄った。若者と田中組長との距離は、わずか一メートルであった。

若者は、戦闘服の胸から拳銃を取り出した。

両手で拳銃を構えた。いわゆる拝み撃ちの格好であった。

拳銃に指紋がつくのをおそれてか、白い手袋をはめていた。拳銃は、米国製のスミス&ウェッソン、回転式38口径五連発であった。

若者は、田中組長の正面から、頭めがけて引き金を引いた。

轟音とともに火を噴いた。

田中組長の頭から、血が噴き出した。

若者は、さらに、田中組長のこめかみを狙い、引き金を引いた。田中組長のこめかみからも血が噴き出した。

若者の拳銃は、続けて、田中組長の腹、胸めがけて二発、火を噴いた。

四発は、確実に田中組長に命中し、田中組長は炬燵の横にうつ伏せに倒れ、絶命した。

部屋に入ってから一分足らずのできごとであった。

若者は、すぐに玄関に走り出た。

見張りに立っていた仲間とともに、マンションから、激しい雨の中を乗用車で逃走した。

小倉北署は、事件を知るや、ただちに全署員四百人を動員、小倉北区内にある関係暴力団事務所計十三カ所で徹夜の警戒を続けた。

明和町にある田中組事務所には、十人、黄金町にある工藤会と矢坂組の合同事務所には、バリケードを手にした武装警官約四十人が張り付いた。全員、鉄兜に防弾チョッキという完全武装であった。

また、小倉北区内だけで計約五十カ所の検問所を設け、深夜まで雨の中を通行車両の一台一台を厳重にチェックした。

二日後、田中組長を襲った極政会の二人組が八幡西区の折尾署に自首、銃刀法違反の現行犯で逮捕された。

二人の自供によると、前年十月はじめ、親分の溝下秀男組長が外車に乗って小倉北区の繁華街を走っているとき、田中組の組員数人から、

「降りろ！」

と車から引きずり出され、喧嘩になった。

親分をやられて黙っているわけにはいかない。二人は、報復のために田中組長を狙ったという。

なお溝下は、のち工藤会三代目会長となる。

福岡県警捜査四課と小倉北署は、この事件により、工藤会と草野一家の対立がいっそう激しくなることを警戒した。

もともと、工藤会会長の工藤玄治と、草野一家総長の草野高明とは、親分子分の間柄であった。昭和二十五年に、若松市の暴力団・梶原組の組員が、工藤組系草野組・草野高明組長の弟を刺殺する事件が起こる。この時の事件では梶原組と草野組は手打ちせず、その後も対立が続く。

梶原組は、昭和三十八年五月に三代目山口組若頭・地道行雄の傘下に入る。地道は、同時に安藤組を傘下に収め、七月には北九州市の長畠組も傘下に収めた。これを契機に梶原は、地道を通じて日本プロレス協会副会長だった田岡一雄に北九州市での力道山のプロレス興行実施を依頼。田岡は直ぐに了承したが、これを知った草野が、梶原に対抗して北九州市で北原謙二の公演開催を企図する。

その年九月十日、山口組菅谷組・菅谷政雄組長が、北九州市小倉区に芦原興行社を設立。芦原興行社の事務所が、北九州市の暴力団・工藤組幹部・前田国政の経営する前田プロダクション事務所の真向かいにあったことから、工藤組は地道に抗議。工藤組からの抗議に地道は応じ、芦原興行社を北九州市から撤収させることを約束した。直ぐに地道は菅谷を地道組事務所に呼び出し、菅谷政雄に「芦原興行社の看板を下ろすように」と指示。両者が口論となったものの、最終的には菅谷が代紋入りの看板を下ろすという地道の指示を額面通りに行っただけで、興行社の事務所は機能したままキャバレーなどでのショーをプロデュースすることが続いた。このため工藤組組員らが、芦原興行社に乗り込み芦原章男と睨み合いになったりしている。

草野組の企図した「北原謙二ショー」は十月一日に開催されたが、閉演後にショーの警備要員として応援に来ていた石松組組員が、梶原組組員に銃撃され重傷を負う。福岡県警は、梶原組と草野組の暴力団抗争に備えて、七百人の警察官を動員して警戒に当たった。山口組は組員二百人を北九州市に派遣し、その際やって来た菅谷組若頭・上田亨と前田の間で話し合いが持たれたものの決裂。十月二十一日には梶原組が、山口組の応援を受けて力道山のプロレス興行を開催している。

十月二十九日夜に前田ら工藤組組員が芦原興行社に殴り込みをかけ、芦原興行社の組員に暴行。これに対して、十一月二十八日に菅谷組組員二人が、北九州市小倉区のクラブ「美松」前で前田国政を射殺。二人は十二月一日に逮捕された。

十二月八日夜には工藤組組員・坂下繁貴らが、芦原興行社組員と勘違いして安藤組組員二人を拉致。坂下らは、北九州市紫川の河川敷で二人を石で撲殺し遺体を紫川に遺棄。翌九日午前八時半頃に小倉区区役所職員が、小倉区北方幸町の紫川新地井ゼキの下流約二〇メートルで、二人の遺体を発見した。

草野総長は、工藤会の大幹部であったが、この紫川事件で十年の懲役刑を受けた。

草野総長は、服役中、組の解散声明を出した。

ところが、草野総長が昭和五十二年春に出所するや、工藤会の中の旧草野組組員が草野総長を担ぎ、新しく草野一家が旗揚げされた。

それに加え、草野総長は、福岡県の二日市温泉で、昭和五十四年暮、山口組直系の博多の伊豆組組長の伊豆健児と兄弟分の盃を交わした。

工藤会は、山口組と対抗する関西二十日会系であったから、事情は複雑な様相をおびてきた。

しかし、草野総長と伊豆組長との縁組の席には、工藤会長、矢坂組長も後見人として出席した。

ところが、田中組長だけは欠席した。

つまりは、大勢として工藤会と草野一家は、〝共存〟路線をとっていこうとしていたが、田中組長は、その路線に反発したかたちになっていた。

さて、福岡県警捜査四課と小倉北署は、田中組長殺害事件をきっかけに工藤会と草野一家とが全面戦争に入りはしまいか……と警戒を強めた。

稲川会会長の稲川聖城は、工藤会最高幹部の田中組長が、草野一家系極政会の組員二人に射殺されたことを知るや、六本木の本部事務所で腕を組み太い眉をしかめた。

稲川会長は、私にその時の心境についても語った。

〈工藤会長と草野総長は、もともと親子なのに……〉

稲川は、工藤会長、草野総長ともども古くからの知り合いであった。

稲川の賭場に、工藤会長と草野高明はよく顔を出してくれた。そのとき、当時子分であった草野高明は、工藤親分のお供として顔を出していた。

稲川が小倉の賭場に顔を出したときも、草野高明は工藤会長のそばで親分をしっかりと守っていた。

〈もともとは縁の深い親子が、これ以上血で血を洗うような喧嘩をしなければよいが……〉

稲川は、工藤会長と草野総長の二人の顔を脳裏に浮かべ、一日も早く無益な戦いの終わることを祈った。

稲川は、同時に、林一家総長であり稲川会会長補佐の林喜一郎と、森田一家総長であり稲川会副理事長の森田祥生ら数名に香典を持たせ、小倉に向かわせていた。

林らは、九州を任せられている稲川会稲川一家の小川吉春の案内により、小倉北区黄金町にある工藤会事務所に向かった。

事務所の三階にある田中組長の祭壇に線香をあげ、田中組長の冥福を祈った。田中組長の密葬の終わった翌日であった。

林喜一郎は、最高幹部を失った悲しみに沈んでいる工藤会長に言った。

「うちの親分で役に立つことがあったら、いつでも言って下さい。すぐに飛んできます」

七十歳を超えた工藤会長は深々と頭を下げて言った。

「わざわざ九州までありがとうございました。会長によろしくお伝え下さい」

稲川は、それから数日後、本部事務所に稲川会相談役の井上与市を呼んだ。

井上与市は、さっそく小倉の工藤会事務所に連絡を入れた。

工藤会長に、田中組長の悔やみを述べたあと言った。

「ウチの会長が、心配している。そのことで、そちらに下って行きますから……」

工藤会長は、

「お気持はありがたいですけれど、しばらく待って下さい」

と答えた。

「じつは、親戚にあたる合田一家の二代目浜部総長が、草野一家とのことでは、いろいろと心配してくれている。いま、二代目は、博打のことで警察で取り調べを受け、拘留中だが、まもなく出てくる。私の一存では決めかねる。それまで待っていただき相談したあと、あらためて返事をさせていただきたい」

稲川は、井上与市から工藤会長と浜部総長とのいきさつを聞くや答えた。

「浜部総長の出てくるのを待とう」

しかし、心の中では不安な思いにとらわれていたという。

〈一日も早く解決しなければ、この先どんな大きな間違いになるかもしれない……〉

昭和五十六年二月四日午前零時過ぎ、小倉北区堺町一丁目の「ニュー南国ビル」内のクラブで飲んでいた工藤会系矢坂組の矢坂顕組長が、五人の若い衆に守られるようにして外に出た。

外は風はなかったが、底冷えがしていた。

矢坂組長らは、外車に乗りこんだ。

そこに、草野一家系大東亜会の佐古野繁樹会長が通りかかった。五人の若い衆を連れていた。

工藤会最高幹部田中組長射殺事件以来、草野一家と工藤会との発砲事件は、相ついでいた。

佐古野会長グループが、外車に乗る矢坂組長に言った。

「おい、外車が邪魔だ。どけ！」

そのとたん、両者の若者たちが口論をはじめた。

矢坂組長は、あわてて車から降り、喧嘩を止めに入った。

両者が、激しいもみ合いになった。

そのとき、矢坂組の組員が、上着のポケットに手を入れた佐古野会長のそぶりを、とっさに拳銃をぬく、と錯覚した。

三メートルもない至近距離から、佐古野会長の胸めがけてスターリング自動式拳銃22口径の引き金を引いた。

佐古野会長の、右胸を銃弾が貫いた。

さらに、佐古野会長の右脇腹めがけて撃った。

しかし、佐古野会長は、大動脈や肺から血を噴き出した。

佐古野会長は、倒れながら22口径の拳銃をぬき、矢坂組長を撃ち返した。

火を噴いた拳銃は、矢坂組長の右胸に命中した。

佐古野会長は、さらに続けざまに二発撃った。

矢坂組長の右大腿部と右腕に命中した。

そのうちの一発が、肺を貫いた。

矢坂組長も、その場に崩れるように倒れた。

一本の狭い道をへだて、二人の親分が、血に染まって倒れた。

大東亜会の田部昭副会長は、倒れた佐古野会長を助けようと腰をかがめた。

そのとたん、田部副会長は右肩を撃たれて倒れた。

三人は、それぞれの組員たちの車や、タクシーで病院に運ばれたが、佐古野会長は、右胸部と左鎖骨に弾が二発撃ちこまれて貫通しており、まもなく出血多量で死亡した。

矢坂組長も、右下胸部と手足に四発の銃弾を受け、約五十分後に死んだ。

田部副会長は、両肺に弾が貫通しており、重体であった。

福岡県警捜査四課と小倉北署は、午前一時、ただちに小倉北署内に「暴力団組長射殺事件捜査本部」を設置した。

同時に、県下三十九署から警察官約九百人を動員。

工藤会の矢坂組事務所、田中組事務所、草野一家本部周辺三カ所の道路を全面封鎖。

三事務所への警官張り付けと、北九州市へ通じる主要道路の検問などを実施し、報復防止や第二の事件発生防止のための厳戒体制を敷いた。

山口県から工藤会支援のために合田一家が、博多から、山口組系の伊豆組が、草野一家支援のために駆けつければ、全面戦争に拡大する恐れがある。

さらに、山口組と関西二十日会との全面戦争にだって発展しかねない。

小倉北署は、四日午後、捜査本部長自ら工藤会長と草野総長とに会い、厳重な警告を発した。

「絶対に二次抗争を起こすな」

合田一家二代目の浜部一郎が私に語ったところによると、矢坂組長と佐古野会長の二人が射殺

されたという知らせを受けるや、

〈遅かった……〉

と臍《ほぞ》を噛んだという。

〈もっと早く、稲川会長に仲裁に入ってもらうべきであった……〉

浜部総長は、田中組長射殺事件直後、下関の警察から出るや、工藤会長を訪ねた。

そのとき、工藤会長から稲川会長のことを聞かされた。

「稲川会長が、今度の喧嘩を心配してくれて、井上与市さんをこちらに寄こす、と何度か連絡があったが、二代目が出てくるまで待ってもらうよう答えておいた」

浜部総長は、即座に言った。

「会長、稲川会長からわざわざ言葉があったのなら、これはひとつお願いした方がいいんじゃないですか……」

ところが、当時生きていた矢坂組長が待ったをかけた。

「二代目、これをそのまま稲川会長に任せたんでは、工藤会は、向こうを向いて歩けんようになる。うちも、由崎がとられたんじゃけん」

浜部総長は、激しい口調で言った。

「そげな仲裁誰が入るか。仲裁ちゅうもんは、どっちかが無理をしたとき初めて入るんじゃ。相手がこれをとったから、うちもこれをとって、それで辻褄が合ったところで仲裁を頼む、なんちゅうのは、おれは入らんぞ。稲川会長にも頼めん……」

そのうち、矢坂組と大東亜会との、おたがいの組にとって重要な矢坂顕と佐古野繁樹が殺し合ったのである。

浜部総長は、断腸の思いであった。

〈田中組長が殺されたとき、下手な面子を捨てて稲川会長に仲裁を頼んでおけば、矢坂組長も命を落とさずにすんだものを……〉

浜部総長は、事件直後、小倉北区京町にある草野一家の事務所に、幹部五人を使いに出した。

合田一家幹部は、草野総長に言った。

「このまま工藤会との争いを続けるようだと、しまいには、うちの合田一家が相手になるようなことになりかねない、と二代目が言っております……」

草野総長は、苦渋の表情を浮かべながら言った。

「私は、工藤会長に対し、敵意はさらさら持っておりません。まして先代からお世話になっている合田一家に対しても、逆らう気持はありません。抗争を、これ以上繰り返す意思もありません」

草野総長の肚を聞いた幹部たちから報告を受けた浜部総長は、すぐに黄金町にある工藤会事務所を訪ね、工藤会長に会った。

殺された矢坂組長の遺影の前で、浜部総長は、工藤会長に草野総長の言葉を伝え言った。

「会長、これからどうされますか。二つに一つじゃないでしょうか。もし、これでもなお草野一家と戦う気なら、わしも合田一家をあげて応援させていただきます。しかし、今度の抗争について関東の稲川さんが心配してくれています。会長の肚ひとつでわしが、これからすぐにでも東京へ上ります」

工藤会長は、しばらく無言でいたが、やがて浜部総長に頭を下げた。

「二代目、よろしく頼む……」

その言葉を聞いた浜部総長は、さっそく前々から面識のあった横浜の稲川会会長補佐の林喜一郎に電話を入れ、合田一家幹部が上京する旨を伝えた。

浜部総長から電話のあったことを林から聞いた稲川は思った。

〈心配していた〝九州戦争〟の解決のきっかけになる話だといいが……〉

翌日、合田一家幹部八人が上京してきた。

「ホテル・オークラ」の一室で、稲川会の趙春樹理事長はじめ、長谷川春治本部長、森田祥生副理事長、和田永吉副理事長、山川修身副理事長、森泉人副理事長、田中敬事務局長ら最高幹部が、合田一家幹部から、いままでの九州戦争のくわしいいきさつと、今回、合田一家二代目総長の名代として上京するにいたった経緯をくわしく聞いた。

合田一家幹部が言った。

「合田一家は、稲川会長が仲裁の労をとってくださるなら、全面的に協力させていただきます」

稲川会幹部が答えて言った。

「遠いところを、どうもご苦労様です。うちの親分の顔を立てていただいてどうもありがとうございます。さっそく会長と相談して、九州へ下ります」

合田一家幹部が引き揚げるや、稲川会最高幹部は、その場で緊急幹部会を開いた。

一切の事情を会長稲川に報告すると、稲川会長は幹部に、すぐに小倉に下るように命じた。

翌二月二十四日、稲川会長の名代として、趙春樹、長谷川春治、森田祥生、森泉人の四人が、急遽羽田発午前八時、一番の福岡行の飛行機に乗りこんだ。

稲川会先発隊ともいうべき四人が福岡に着いたときには、福岡は雨が降っていた。

工藤会の事務所に着くと、周りは、鉄兜をかぶった機動隊が、楯や棍棒を持ってものものしい警戒を続けていた。

もし他の組から助っ人に来た場合、抗争がエスカレートするので、事務所に入らせないためであった。

しかし、稲川会が仲裁のために福岡へ立ったことは、すでに警視庁も福岡県警も情報を得ていた。稲川会の者だが、と名乗るとすぐに通してくれた。

稲川会幹部四人は、三階の広間に安置された遺影に線香をあげたのち、その前で、工藤会幹部と話し合いに入った。

七十歳を超えた工藤会長、工藤会幹部の者たちと二階の応接間で話し合いに入った。

工藤会の幹部たちは、最高幹部の田中新太郎と矢坂顕の二人を射殺されていることで怒りを抑えかねているようであった。

幹部の中から、いくつかの仲裁に関する条件が出された。

稲川会幹部四人は、一応はその条件について耳は傾けたが、条件つきの仲裁に入るつもりはなかった。四人は、工藤会事務所を辞すと、今度は工藤会と争っている京町の草野一家の事務所に向かった。

稲川会の趙春樹理事長が、草野総長に言った。

「向こうが、条件を出してきているようですが、われわれは、この条件は、草野さんと工藤さんと、まず手打ちをし、おたがいに手を握り合えば、もともとは親子だから、そのあとでどんな話でもできることだと思っております」

稲川会四人の幹部は、草野一家の話を十二分に聞いた上で、雨の中を再び工藤会事務所に引き返した。稲川会四人の幹部は、工藤会の工藤会長と幹部たちの意見を再び聞いた。

それから、草野一家の事務所にまた足を運んだ。

すでに時刻は夕方になっていて、雨はいっそう激しくなっていた。

稲川会の趙理事長は、工藤会長の肚のうちを草野総長に話した。

草野総長は、聞き終わるときっぱりと言った。

「親に矢を向けた私が、悪いのです。みなさんに、すべてをお任せします」

四人は、総長にそう言われ、ホッとすると同時に、新たな責任の重さを感じた。

翌二十五日、稲川会の稲川会長と、第二陣である林喜一郎、和田永吉、山川修身、田中敬、それに若い衆数人が福岡空港に降り立った。

昨夜は小倉は雨であったが、この日は、雪に変わっていた。零下を下り、あたりは凍っていた。十年ぶりの厳しい寒さであった。

飛行場は、福岡県警の機動隊により、ものものしい警戒体制がとられていた。稲川会の稲川会長をはじめ、幹部たちがやってくることは、警視庁からの情報で、福岡県警はわかっていた。

稲川会の者たちを、地元の関係者たちが大挙して出迎えるに違いない。そのとき混乱が起きるかもしれない、とのおそれから、機動隊が厳重に警戒に当っていたのであった。

ところが、稲川会の第一陣として小倉に入った趙理事長をはじめとする四人の幹部だけのおとなしい出迎えであった。福岡県警側も面くらっていた。

稲川をはじめ幹部たちは、車に乗り、工藤会本部のある黄金町に向かった。工藤会本部の周りは、相変わらずものものしい警備体制が敷かれていた。

稲川会長は、工藤会事務所に上がると、三階の工藤会長の自室に上がった。

田中新太郎組長や矢坂顕組長の遺影に線香をあげ、悔やみを言ったあと、工藤会長とじっくり話し合い、工藤会長の肚のうちを聞いた。

稲川会長は、工藤会を出ると、一段と激しくなった雪の中を、京町の草野一家の事務所に向かった。

草野一家の事務所の周りも、機動隊に取り囲まれ、厳重な警戒体制がとられていた。

稲川会長は、幹部を引き連れ、応接間に入った。

佐古野繁樹会長の遺影に線香を上げた。佐古野会長の冥福を祈った。

それから草野総長と膝をまじえてゆっくりと話し合った。

前日、先発で来ていた趙、長谷川、森田、森ら幹部たちから草野総長の肚は聞いていたので、話は早かった。

草野総長の話を聞き終わると、稲川会長が言った。

「草野君、では、これから工藤会長のところに行こう」

草野総長は、稲川会長に頭を下げた。

「よろしくお願いします」

稲川会長は、草野総長とおなじ車で、工藤会本部に再び向かった。

稲川会長は、三階の工藤会長の自室に草野総長を連れて上がり、工藤会長と草野総長を会わせた。そして、稲川会長が言った。

「工藤さんと草野君は、もともとは親子じゃないですか。親子喧嘩をして子が親に楯をつくようなことはいけないことだ。子が親に詫びることは、世間の誰に聞かせても、恥ずかしいことではない。笑われるどころか、むしろりっぱなことでしょう」

草野高明は、工藤会長と稲川会長に素直に頭を下げた。

「いろいろと、御迷惑をおかけいたしました」

工藤会長の目頭が、一瞬うるんだ。

工藤会長にとって、草野高明は、もともとは自分の若い衆であった。

稲川の脳裏には、草野高明が、自分の賭場に工藤会長のお供をして訪ねてきていたころの二人の姿が浮かんでいた。

稲川は、草野高明に声をかけた。

「草野君、これからは、親孝行するんだなあ……」

工藤会長と草野総長の二人は、おたがいにどちらからともなく手を取り合い、固く握り合った。

稲川の目頭も、つい熱くなっていた。

〈思えば、たくさんの貴重な犠牲者を出した抗争事件だった……〉

稲川は、二人の手を固く握り合った姿を見ながら、大役を果たせた安堵にようやく全身の緊張を解いていた。

なお、昭和六十二年をもってついに工藤会と草野一家は合併。それまでの工藤会から工藤連合草野一家へ名を変え、草野一家の総長であった草野高明が当代の総長に就任。やがて若頭であった溝下秀男が平成二年に三代目を襲名。

現在の工藤会は、北九州地区最大かつ九州最大規模のやくざ組織で、北部九州地方に根差した他の数多のやくざ組織と同様極めて好戦的である。強烈な反警察志向、容易に激高する、手段としての闘争ではなく闘争行動それ自体に価値を見出す、などの傾向を有することで知られる「九州やくざ」の好例であるとの評がある。

特に平成二十四年には「今、最も先鋭的な武闘派組織として知られる団体」と報じられた。反山口組の旗手としても知られ、九州地方の独立組織でつくる「四社会」という親睦団体を道仁会、太州会、および熊本會とともに結成している。

広島市民を震え上がらした打越会組員凄惨射殺事件の裏側

昭和三十八年五月二十六日の夜十時過ぎ、神戸山口組と盃を交わした打越会を破門になった山口（英）組の幹部大下博が、舎弟の長谷川邦義を連れ、広島市流川町の繁華街を歩いていた。共政会本部の応接間で、山田久三代目会長を前に、大下博も熱っぽく語った。

長谷川が、大下に言ったという。

「あそこを歩いとるのは、倉本じゃないですか」

大下は、鋭い眼を凝らし、前方を見た。

キャバレー・ハリウッドの前をほろ酔いで歩いてくる大男は、確かに打越会の若頭である植松派の倉本正英であった。

大下は、遠くから倉本に声をかけた。

「倉本、待たんかい！」

倉本は、自分を呼びとめたのが大下とわかると、気まずそうな顔をした。

この当時、広島の八丁堀の電停から南へとおっている金座街の東側が神戸本多会と盃を交わした山村組、西側が打越会の縄張と決まっていた。

キャバレー・ハリウッドは、金座街筋の東側にあつた。倉本は、あきらかに、敵陣である山村組に侵入していた。

三カ月前の三月一日、山口英弘が打越から破門されるまでは、大下も、この場所を歩くのは警戒していた。が、いまは、立場はまったく逆になっていた。

倉本が逃げようとするので、大下と長谷川は、倉本に急ぎ足で近づいて行った。

大下は、倉本の眼の前に立ちはだかった。相手を見上げるようにした。

「そう、よそよそしうせんでも、ええじゃないか！」

倉本は、身長が一八〇センチを超えている。体重も七五キロはある巨体であった。大下は、体こそがっちりしていたが、一六五センチであった。

倉本は、酒臭い息を吐きながら言った。

「おまえらあ、絶縁食うたわけじゃけえの。いままでみたいに、慣れ慣れしう口をきくなや」

大下は、カッときた。かつての仲間に対する憎しみは、骨肉相食むゆえによけいに燃え盛る。

「生意気なことを、ぬかすな！」

大下がそう言ったときには、すでに大下の右拳は、倉本の顎に入っていた。

倉本がよろめいた。

大下の右拳は、次の瞬間、倉本の顔面にもう一発炸裂した。

グシャ、と鼻の潰れるような音がした。鼻から、血が噴き出したらしい。大下の右拳が、血でヌルリとした。

大下の右拳は、もう一発、倉本の顔面に入った。

拳に歯が当たった。

倉本は、路上に仰向けに引っくり返った。

大下は、倉本の額を、革靴で踏みにじった。

革靴の裏には、当時は金具が打ってあった。

大下が倉本の額を踏みにじると、額が切れ、血が脂汗に混じって流れた。

倉本は、鼻血を噴き出したうえに、口まで切っていた。さらに額からも血を流し、顔面血だらけであった。

大下が冷静になったときには、あたりは人集りがしていた。大下らを見ていた。

パトカーの音も、鳴りひびいた。

大下は、長谷川といっしょに逃げた。

倉本も、血みどろの顔で、仲間を呼びに走った。

打越会の本拠である紙屋町タクシーのすぐ近くに、バー『ニュー春美』があった。その三階が打越会の賭場になっている。「打越道場」とも呼ばれていた。

倉本は、バー・ニュー春美の三階の賭場に這うようにして駆け上がって、叫んだ。

「大下に、やられたあ！」

打越会植松派の組員高橋幸一と中舗吉伸は、倉本の血みどろの顔を見て、吠えるように言った。

「山口のところの、腐れ外道めらがあ！　よーし、わしらに宣戦布告してきたんなら、受けて立ったる」

高橋は、そばにいた野村英雄に声をかけた。

「おい、組員を集めに行こう！　やつらを、みな殺しにしたる」

野村は、ふところに九四式拳銃を秘めていた。

いっぽう、大下は、中の棚にある山口英弘の本拠に電話を入れた。

「親分に、伝えたいことがあるんじゃがの」

「親分は、いまどこにいるか、わからんのんじゃ」

「じゃあ、朝枝さんでもおるかいの」

朝枝照明は、山口（英）組の幹部であった。

朝枝が電話に出た。

大下は、打越会の者が追ってきていないか、あたりを警戒しながら、中の棚の公衆電話から電話を入れていた。

「朝枝さん、打越会の倉本に、長谷川といっしょに、焼きを入れちゃったけえの。やつら、仕返しに来るじゃろうけえ、気をつけとくようにみんなに言うといてもらえんかいの」

「よし、やつらが仕返しに来る前に、みんなを集め、こっちから、先制攻撃をかけちゃる」

打越会との戦争が、いよいよ火を噴いたのだ。朝枝は興奮していた。

朝枝は命じた。

「夜の二時半に、平塚町の佐藤ガラス店の前に来い。やつらの集まっとるところへ、殴りこみをかけちゃる」

大下と長谷川は、とりあえず自分たちの住まいに引き返した。殴りこみの用意をはじめた。

大下は、平塚町の三階建てのマンションの３０２号室に帰り、着替えをすませた。

三十分くらいして、長谷川が大下の部屋にやってきた。ふところから、黒光りするコルトを出した。

「兄貴、ここに来る前に、佐藤ガラス店の前で、倉本に会ったんじゃ」

「やつひとりか」

「野村や中舗らといっしょじゃった。おれたちを、探しまわっとった」

「やつらがわしらを探しまわらんでも、これからわしらが殴りこんだる」

大下は、腕時計を見た。二時三十分に近づいていた。

「長谷川、行こうか」

大下は、立ち上がった。全身が、殺気に煮えたぎっていた。

大下と長谷川は、佐藤ガラス店の前に行った。

朝枝、梶山慧ら八人がすでに集まっていた。
三、四分後にさらに三人集まってきた。十三人となった。
集められた道具は拳銃八丁、日本刀一振りであった。

朝枝が、声を張りあげた。

「やつら、打越道場へ集まっとる。いまから、襲撃をかけ、みな殺しにしたろう」

彼らは、三台の車に分乗し、打越道場へ向かった。

バー・ニュー春美の三階では、打越会若頭の植松をはじめ、幹部ら十数人が立て籠っていた。

今後の山口（英）組との戦闘の作戦を練っていた。

野村は、チンピラの少年組員に九四式拳銃を渡し、命じていた。

「ええの。やつらが来たら、このピストルで合図するんど。一発目は、空砲じゃけえ、びくびくすることはない。いきなりぶっ放して、度肝を抜いちゃれ」

ニュー春美は、打越会本部のある紙屋町タクシーから、三〇メートルしか離れていない。

電車通りから小路ひとつへだてた裏通りで、バーやキャバレーなどが軒をならべている。

しかし、さすがに夜中の三時近くなると、看板のネオンも消える。街は、深い眠りの底に沈んでいた。

チンピラ少年は、生まれてはじめて握る九四式拳銃の感触に興奮しながら、三階の窓を開けた。

顔だけ出して、まったく人通りの絶えた狭い路地を見下ろし、左右に目を配った。

突然、自動車の急停車する音が耳をつんざいた。

少年は、ピストルをいま一度強く握りなおした。

ニュー春美から一軒おいた七メートル先に、車が三台も止まった。

車から、八人の男たちが降りたった。

そのうちのひとりが、ニュー春美の三階の少年の方を指差して何かわめいている。

少年は、あまりの恐怖に小便を洩らしそうになった。

〈山口（英）組のやつらじゃ！〉

一団が、少年の方に向かって一歩を踏み出した。

少年は、九四式拳銃の銃口を一団に向け、引き金を絞った。兄貴の命令を守り、合図の空砲を撃ったつもりであった。

ところが、拳銃の一発目は、空砲ではなかった。実弾がこめられていた。

弾は、先頭の車に当たり、鋭い金属音を立てた。

大下ら山口（英）組の者たちは、いきなり発砲され驚いた。

自分たちの乗ってきた車を盾に、ニュー春美の三階めがけ、撃ち返した。

三階のガラスが、割れた。

ニュー春美の三階では、野村らが窓辺に寄った。用意していた拳銃を握り、山口（英）組の連中に撃ち返した。

深夜の街に、拳銃が火を噴いた。拳銃の音がたて続けにひびく。市街戦の様相を呈した。

長谷川のコルトも、火を噴いた。

大下の隣りで拳銃を撃ち続けていた大窪正和は、「うッ」とうめいて、拳銃を持った右手で、左腕を押さえた。左腕を、弾に貫かれていた。

幹部の朝枝も、左肩を撃たれた。

「おんどりゃあ！」

おたがいの組の拳銃が、唸るように火を噴き続けた。

十数分後、広島県警のパトカー四台が、サイレンの音をひびかせ現場にやってきた。

大下らは、非常線を逃れ、姿を消した。

夜が明けると、にわか雨が降りはじめた。その中を、打越会の会員が、二十数名、現場付近に集結した。

さらに午前中には、鳥取から、山口組地道組米子支部長柳甲録ら数名が、打越会へ駆けつけた。

午後には、神戸山口組からも、三十人の組員が広島に支援に駆けつけた。

いっぽう山口（英）組には、尾道の高橋組から、幹部の森田幸吉ら数名が、見舞いに駆けつけた。さらに、ぞくぞく両派の友誼団体から連絡が入った。

「いつでも応援に駆けつけます」

広島市内には、不穏な空気が漂った。


打越会対山村組の戦闘は、それから十六日後の六月十一日にも火を噴いた。

六月十一日の午後十時過ぎであった。打越会山脇派の組員藤田逸喜は、敵対している山村組の縄張である薬研堀付近を、山口英弘組長の居場所を探してハイエナのように歩きまわっていた。

ふところには、米軍用のコルト45口径自動拳銃を隠し持っていた。

岩国には米軍基地があり、そこから米軍用の拳銃が流されていたのであろう。拳銃だけでなく、ダイナマイトも流されていた。

藤田は、広島戦争の助っ人に来ていた岩国の中村組の子分ふたりを連れていた。

藤田は、歩きまわりながら、己れに言いきかせていた。

〈デー坊の外道め、必ず、見つけ出して、とっちゃる〉

山口英弘は、名前の英の字から、「デー坊」と呼ばれていた。

藤田は、打越会が一方的にやられ続けていることに我慢がならなかった。

藤田は、特に、山口（英）組の中でも、幹部の沖本勲と反目の間柄にあった。山口英弘組長を殺ることで沖本の鼻をあかしてやろうとよけいにいきり立っていた。

なお沖本は、のち共政会四代目となる。

藤田は、屋台で少し飲んでは訊いた。

「山口英弘組長を、このへんで見かけんかいのォ」

藤田が何軒目かの屋台で飲んでいるとき、色の白いぽっちゃりとした丸顔の女が顔をのぞかせた。藤田は、女に声をかけた。

「おい、八重子じゃないか」

名前を呼ばれた女も、驚いた。

「あら、あんた、元気じゃったん」

じつは、彼女は、かつて藤田の愛人であった。

酔うと止まらないほど笑う笑い上戸で、周りから、「ゲラゲラの八重子」と呼ばれていた。

八重子は、三十九歳だが、いまだに白いぬめるような肌は、妖艶であった。

藤田は、七年前に彼女と別れていたが思った。

〈あいかわらず、おいしそうなからだをしとる。もういっぺん、この女とよりをもどしてもええの〉

彼女のむっちりとした右腕をつかんで、やさしい口調で言った。

「おい、八重子、河岸を変えて飲もうや」

藤田は、屋台を出ると、近くの『八重』という一杯飲み屋に入った。

いい気持で酔った。連れの中村組のふたりは、せっかくの邪魔をしては悪いと思い、「じゃあ、このへんで失礼さしてもらいますけん」とあいさつし、引きあげた。

藤田は、腹巻の中から、コルト45口径を取り出した。彼女に見せながら、それまでのヤニ下がった顔とは打って変わった殺気じみた顔になった。

「こいつで、絶対にデー坊のタマを取ったる。おまえ、デー坊の隠れ場所を知らんか」

その瞬間、彼女の表情が変わったのに藤田は気づかなかった。

彼女は、藤田がトイレに立った隙に、店からぬけ出した。

近くの電話を探し、ダイヤルを回した。その手は、恐怖にふるえていた。

電話に出たのは、山口（英）組の者であった。

じつは、彼女は、いまは山口（英）組の松本徳治の愛人になっていたのだ。

彼女は伝えた。

「薬研堀の八重という一杯飲み屋に、打越会の藤田が、拳銃を持っておるけん。早うきんさい！」

電話を切った彼女は、いま逃げれば藤田に怪しまれ、藤田に逃げられると思った。心の底の脅えを隠し、ふたたび八重にもどった。

待っていた藤田が、彼女を抱きしめた。

「どこへ行っとったんなら」

「私もトイレに行きとうてね。あんたがトイレに入っとったから、近くの店でしてきたんよ」

彼女は、何気ない顔で、スカートの下の白いむっちりとした太股をわざと広げ、藤田の手を誘いこませた。山口（英）組の者が駆けつけるための時間稼ぎであった。

藤田が八重にいると知った山口（英）組幹部沖本勲は、事務所にいた子分三人を連れ、ただちに八重という店を探しはじめた。

沖本は、共政会四代目会長となるが、会長になる前にこの話を聞いた。

沖本は、大きな眼を光らせながら、その時の心境を語った。

沖本は、反目である藤田の顔を脳裏に浮かべながら、殺気に燃えていたという。

〈ウチの親分の命を狙うたあ、許せん！　こっちが、やつのタマを取ったる！〉

沖本らは、八重を探し出し、店に入った。

八重子は、沖本らの姿を眼にしたとたん、兎が逃げるように藤田から離れた。

藤田は、はじめて昔の愛人に裏切られたことを知った。

沖本らは、一言も発しなかった。ふたりの組員が藤田の両腕を持った。

別のひとりが、藤田の腹巻の中にしまわれていたコルト45口径を取り出した。

沖本が、顎で外へ連れ出すように命じた。

藤田を外へ連れ出したときには、山口（英）組からさらに手勢が十人駆けつけていた。

沖本らは、待たせておいたタクシーに、藤田を押しこんだ。

タクシーは、前もって行く先を聞いていた。

薬研堀から、一〇〇メートル道路を越えてすぐのところにある宝町で止まった。

あたりに人通りはなかった。

沖本は、藤田をタクシーから降ろさせた。

藤田を暗い路地に連れこみ、取り囲んだ。

沖本が、藤田を睨みつけた。

「おんどりゃあ、ウチの親分の命を狙うたの。親分の命を狙う者がどうなるか、じっくり味わうんじゃの」

藤田は、恐れを知らない男であった。

「うるせえ！」

そう言うと、沖本に向け唾を吐いた。

山口（英）組のひとりが、登山ナイフで藤田の鼻を削いだ。

鼻を削がれた藤田は、血みどろになった。

気を失いかけながらも、獣が牙を剥くように歯を剥き出し、吠えた。

「誰かが、必ず、デー坊のタマを取ったるけえの！」

山口（英）組の組員のひとりが、怒り狂った。

「減らず口を、たたきやがって……」

藤田の腹を蹴った。

藤田は、腹を押さえてうずくまった。

それでも血まみれの顔を起こし、執念のようにつぶやいた。

「必ず、デー坊の……」

ひとりが、今度は登山ナイフで藤田の胸を突き刺した。

「うッ！」

藤田は、胸を押さえた。

藤田は、それでも逃げようとし、よろよろと立ち上がった。

沖本が、逃げようとする藤田めがけ拳銃の引き金を絞った。

拳銃は火を噴き、藤田にとどめを刺した。

共政会会長山田久、自宅で襲撃されるも、返り討ちにした一部始終を話す

昭和三十九年五月、山村組の山村辰雄組長は、広島市のテキヤ村上組の村上正明と提携し、共政会を結成した。

初代会長には山村が、副会長には村上が、理事長には山村組若頭服部武が、幹事長には山口（英）組山口英弘組長が就任した。

昭和四十年六月九日、山村は引退。二代目共政会会長には服部が、理事長には山田久が、顧問には村上が就任した。山口は引退し、山口（英）組は十一会と改称された。十一会会長には竹野博士が就任した。

昭和四十四年当時、共政会は、山村派三百人、村上派百人、十一会派四十人の三大勢力に分かれていた。

村上は、共政会が、いまにも分裂しかねない状況にあるこの機会に乗じて、自分が服役中に失った縄張を取りもどそうと躍起になった。広島市の中央部に向かって進出してきた。

共政会を刑務所に入っている服部会長から預かる理事長の山田は、村上組の動きを苦々しく眺

めていた。

〈村上一派が、大きな獅子身中の虫となる前に、抑えておかにゃいけんど〉

昭和四十四年五月二十五日早朝、共政会の村上組と怨恨関係にある十一会会長竹野博士が、吉島町の広島刑務所を出所した。

山田は、竹野会長の出所を待って、即座に竹野と兄弟盃を交わした。

村上の進出に、反撃を加えるためである。

昭和四十四年十月十一日夜、山田はベッドに入り、やがて深い眠りに入った。

何時間経ったろうか。枕元の電話が、けたたましく鳴った。

山田が、受話器をとった。

午前三時であった。

〈誰なら。こげな時間に……〉

共政会丸本組の若い衆の佐々岡修二であった。

「かしら、佐々岡修二です。うちの若い衆が、村上組の高木信義と喧嘩してから、向こうのもんが、こっちへ来ると息巻いとるんですが」

山田は、あくびをかみ殺しながら言った。

「ちょっと、説明してみい」

佐々岡が説明する間に、相手がやってきたらしい。

「来よりました。平野弘二と高木信義のふたりです」

「代われえや」

電話口に、村上組の平野が出た。

が、平野は、要領を得ない。

「高木に、代わってみい」

高木が、電話口に出た。

「どうも、夜分に……」

「どしたんなら」

高木が説明した。

「たがいに喧嘩になって、そちらの方が、『文句あるんなら丸本まで来い』と言うたんです。それで、なんじゃかんじゃ言うとるうちに、わしがここへ来たんです」

山田は、眠い眼をこすりながら言った。

「ほう、なんじゃのう。おまえらに来い言うのは、その若い衆は、おまえらのことを知らんけえそう言うんじゃろう」

高木は、きっぱり否定した。

「そげなことは、絶対ない思います。そらあ、うちの名前は、よう知っとるはずです」

山田は、徐々に眠気が覚めてきた。

「知っとってそういうこと言うのは、その若い衆は、よっぽどおかしいど。まあ、そげなことはない思うが、おまえ、どうしよう思うんなら。喧嘩しよう思いよるんか」

山田は、相手の喉元に匕首を突きつけたようなものである。

かすれた声で、やっと答えた。

「い、いえ、喧嘩しようとは思いません」

山田は、たしなめるように、高木に言った。

「まあ、そりゃのう、喧嘩できるもんでもないいんじゃしのォ。佐々岡に、代わってみいや」

佐々岡が、また電話に出た。

「まあ、ああいうて言いよるんじゃし、どっちにしても文句があるんじゃから、双方事情をよう聞いて、まあ、行き過ぎの点も、こっちにあるんじゃけえ、若い衆に断わりいわすとか、なんとか、ええぐあいに収めえや」

「はいっ、わかりました」

受話器を置いて、山田はふと考えた。

〈高木は、あれで納得するじゃろ思うが、平野が、ややこしいの。やつは、栗栖の若い衆じゃ。栗栖は、原田さんと兄弟分じゃ。じゃけえ、原田さんから、言うてきかせた方が、よういうこときくじゃろ〉

山田は、腕時計を見た。

三時十五分を指していた。

すぐ、原田昭三の自宅に電話を入れた。

原田は、酔っぱらっていた。

「なんじゃ、山田、どしたんじゃ、こげな時間に……」

山田は、言葉を区切って、はっきりと、一部始終を説明した。

「原田さん、平野が、丸本に行っとるけえ、電話かけて、喧嘩せんように、平野に言うてくれんかいね」

原田は、めんどくさそうに言った。

「明日にせえ、そげなことは」

山田は、こんこんと説いてきかせた。

「いや、なんとか説得してくれえ」

山田は、電話を切った。

すぐ、原田から電話があった。

「今日は、もう遅いけ、明日来い、いよるけえ、よう言うてきかすわいや」

原田は、そう言って電話を切った。

が、また佐々岡から、山田に電話が入った。

「話をしよるんじゃが、なかなか、話がええことないんですよ」

「ええことない、いうて、どう言うなら。喧嘩するいうんか。ちょっと高木に代わってくれえやあ」

高木がふたたび電話に出た。

もう、四時だ。

高木は、さきほどから興奮している。

「このさい、指でももらおう、思いよるんじゃ」

山田は、頭の芯が痛くなった。

「おう、指もらう、いうて、おい、そりゃよっぽど他人が言うことじゃ。それで、おまえ、怪我でもしとるんか」

「いや、怪我はしとらん」

「怪我もしとらんのじゃったら、やっぱし佐々岡も、丸本の若い者頭じゃ。年も、おまえより多いんじゃし、先輩だし、その佐々岡が、『若い者の粗相は、わしの粗相じゃ』とこう言うてる。わしからも、おまえに、断わりするけえ、こらえたってくれえ。のうおまえ、それで納得さしてくれえや」

山田は、受話器を左手に持ちかえて説得にかかった。

「わしも、村上組の高木いうたら、しっかりしとる若い衆じゃいうて、普段から聞いとる。わしも、おまえは、しっかりしとると思うとるんじゃ。おまえが、訳のわからんことやってくれたんじゃあ、わしも、がっかりするんじゃから。わしにもがっかりさしてくれるな。ええや?」

山田は、いつにないしんみりとした口調で、説得した。

「ええです」

高木は、納得して電話を切った。

山田は、やっと安心して寝られる、と思った。

が、またしばらくして佐々岡から電話があった。

「じつは、ちょっと、わしらだけで話する言うて、みんなが下に降りていっとったんです。ほいじゃが、いま下へ降りてみたら、誰もおらん。降りて、もうだいぶなるんです。かしらとのさっきの電話のあと、すぐ降りたんじゃけえ」

山田は、胸騒ぎがした。

「ああ、ほうや。おかしいの。ほんなら、返事せずに帰ったんかい」

「ええ、返事せずに帰ったんです」

「ならどしたんかいのォ。おかしいのォ。こらあ、なんかあるんかのォ」

佐々岡が、受話器の向こうで、唾を呑む音が聞こえた。

山田は、確認した。

「ほで、村上の者は、みな知っとる言うようなこと言いよったか」

「知っとるような空気じゃったようです」

今度は、山田が、ゴクリと唾を呑んだ。

「佐々岡、用心せえよう。家帰らずに、そこで寝えや。わしも、もう寝るわい。また、明日のことじゃ」

山田は、そう言って電話を切った。

山田は、ベッドにもぐりこみ、眼をつむった。

が、眼が冴え、なかなか寝つかれない。

山田の中で、不安の輪が、徐々に大きく広がっていく。何か不吉なことが身にふりかかってくるかもしれない、と思った。

〈なんで、帰りゃあがったんかいの。何があるんじゃろ。おかしいの、こりゃ。前々から、村上にいなげな（おかしい）動きがあることはあったが、どういう考えで、どういうふうにやるつもりなのか、わからんの〉

山田は、つい最近、村上組の幹部である平野から、薬研堀の共政会の事務所近辺の当番のことを相談されたことがあった。

平野は、こう言った。

「私らも、共政会の一員です。現在会長代理的な立場にあられる、山田さんの言うことだったら絶対服従します。山田さんが、いけんということは、絶対しません。ほいじゃが、こういう立場になったいまも薬研堀の当番だけは、これまでどおりやらしてください」

山田は、いぶかしがった。

「その薬研堀の当番にどうしても出たい、とこだわるのも、おかしなことよのう。村上親分、そのことを知っとるんか」

「はあ、知っとられます」

「ほうか、そんならいっぺん村上親分にも会うて話してみんといけんのォ」

山田は、原田昭三から、村上に、当番の件について確認してもらっていた。

山田は、ついに眠れなくなった。

〈どっちにしても、今回の事件がもとで、もし喧嘩になるようなことがあったら、絶対にいけん。ぜひとも、ここは、わしが出向いて村上親分に会わにゃならん。さいわい、今日は、呉の小原組の若い衆の一周忌法要がある。その席で、村上親分に話をしよう〉

山田は、ようやく眠気に襲われた。

そのとき、横に寝ていた多美子が眼を覚まし、山田の肩を揺すった。

「あんた、悪いんじゃけど、ちょっと下の玄関の錠かけとってよ」

山田は、言われるまま、錠をかけに階段を降りて行った。

午前五時であった。

山田は、二階の寝室に上がり、またふとんにもぐった。

が、わずか二時間しか眠れず、午前七時には、眼が覚めてしまった。

眠りに入った。

多美子も、眼を覚ましていた。

山田は、もううんざりだ、という顔で、多美子に言った。

「やれやれ、きのうは、揉めたけえ、今日、また話しにいかにゃいけんのじゃ。こりゃ、もう、ええがいにしてくれんかの。誰か、おらんのか思うよ。わしの代わりに、こげなややこしいことまとめるやつがのォ」

多美子は、抱いて寝ていた愛犬のナナを下に降ろした。

ナナは、食事をせがんでキャンキャン鳴きわめいている。

山田は、ナナの声を聞き流しながら思った。

〈こりゃ、ひょっとして村上のやつらが、来るかもしれん。なんせ、あいつらの帰り方がおかしかった。あいつらが来てからぐずぐず言われるのも、かなわんし、早いとこ出かけて、村上親分に会うた方が、賢いのォ〉

そのとき、山田の家つきの若い衆が、新聞を持って二階に上がってきた。


「親父さん！　いま玄関に村上の若い衆が、来とりますが、どうしますか」

「なに！　誰が来とるんなら」

「稲葉言いよりますが」

「稲葉？　知らんのォ、わしは……」

山田は訊いた。

「何人、来とるんじゃ」

「はい、ふたりです」

山田は、嫌な予感がした。

〈おかしいのォ。うちへ来るのに、若い衆が来ること自体、おかしい。平野もおることやし、来るんだったら、こんなが来るはずじゃ。知りもせん若い衆が、なんで来るんかいのォ……待てよォ……。こりゃ、わしの命とりに来たんじゃ。間違いない〉

山田は、寝室の戸を開け、階段の踊り場に出た。その踊り場と階段の間に、小さな柵がしてあった。

ナナを、階段の下に勝手に降りて行かせないためである。

その柵を、開けた。

沓脱ぎ場にいる若い衆が、見えた。若い衆は、思いつめたような顔で突っ立っている。

山田は、静かに手招きした。

「おお、ま、こっちへ上がれや」

あくまで鷹揚に話しているが、ふたりの全身から、片時も眼をそらさない。

ふたりは、靴を脱いで上がると、二階への階段を上がって来た。寝室に入った。

「そこに、座れや」

座卓をはさんで、向かい合った。

山田は、立膝をしたまま、ふたりの顔を睨み据えた。

ふたりは、膝を崩さず、正座したままだ。

「わし、村上組の高木ところの稲葉いうもんです」

声が、うわずっている。

「おい、ひとの家に来て、そうかたくるしいことは、やめえ。膝をくずしてもの言えや」

稲葉が言った。

「いや、このままでええです」

ふたりは、緊張のせいか顔が青ざめている。

ふたりとも、右手を背広のポケットに入れたままであった。

〈こいつら、何か持っとるな……〉

山田は、何度も修羅場を潜った勘でわかった。どんな場合でも、相手を疑う癖がついてしまっていた。

切れもん（ドス）か、飛び道具か。どちらかわからなかった。

〈ちょっと、試してみたろ〉

山田は、なおも勧めた。

「まあ、そう言わんと、膝をくずせ」

ふたりは、ようやく膝をくずした。

そのとき、山田もわざと、右手をポケットに入れた。拳銃を撃つ真似をしてみせた。

ふたりは、山田の動きにつられ、思わずポケットの中で何やら握りしめた。山田の眼が、ポケット越しの凶器の形を、はっきりととらえた。

〈こいつら、切れもんじゃなく、飛び道具だ〉

山田は、とっさに対応策を考えた。

〈どうやって防いだらえんかいの〉

山田は、きっと口を結んで言った。

「ほいで、おまえら、何しに来たんじゃ」

稲葉ではない方の男が答えた。

「わしは、おなじ高木のところの樹田いいます。どうも、ゆうべのことが納得いかんのです」

この樹田は、眉毛に入れ墨を彫っている。

何をするかわからない薄気味悪さがあった。

樹田が続けた。

「高木親分が、恥かかされて、私ら、黙っとるわけには、いかんし」

山田は思った。

〈こんなら、本気ど〉

多美子も、ベッドの中で、聞き耳を立てていた。

〈なんか、様子がおかしい……〉

多美子は、胸騒ぎがした。

二階は、寝室一部屋だけである。窓際のベッドと居間は、薄いカーテンで仕切られているだけだ。ベッドの脇に置いてあるスタンドは、消してあった。そのため、カーテンの向こうで話している夫たちの影が、カーテンにはっきりと映っている。

話の様子から察して、いつつかみ合いになっても、不思議ではない。

〈いや、それどころか、この若い人たちは、覚悟をして来たのかもしれない〉

そう思うと、不安が、粟粒のように多美子の肌を毛羽立たせた。

私は彼女の取材も何度も行なっていたが、実に肝っ玉の据わった姐さんであった。かってこの家で山田が風呂に入る時、外から狙われていて、落ち着いて入れなかった。その時、風呂場の外の窯の下に身体をひそませ見張り続けていたという。

警察に踏み込まれた時、山田はベッドから飛び出す時、ふとんの下でベレッタの25口径をすばやく彼女に渡した。

彼女はそのピストルをとっさにパンティの中に隠した。ついに隠し通したという。まさに「極道の妻」であった。

山田は、気おされないように言った。

「ほんなら、わしの指くれぇ、いうことか」

「そうです」

「ほうか、おまえら、よっぽどのことがあるんじゃのう。おまえらも、そういうふうな目にあったんか」

稲葉が答えた。

「いや、わし、いつしょにおらんかったけえ、わからんのです」

樹田が、横からつけ足した。

「わしが、いっしょに飲みよったんです」

山田は、樹田の入墨眉毛の下の、ナイフのように細い眼を、きっと睨み据えた。

「ほんでおまえ、そんとき、どうじゃこうじゃ言うて喧嘩しとったとき、なんかまた変わったことがあったんか」

「いや、わしも、はっきり知らんのです」

山田は、心配になって顔をのぞかせた若い衆に、玄関の錠を閉めろ、と眼で合図した。

樹田が、断わった。

「煙草、吸わせてください」

「まあ、吸えや」

樹田は、右手は相変わらずポケットに突っこんだまま、もういっぽうの左のポケットに左手を入れ、煙草とライターを取り出した。

左手で、煙草の箱を持ち、一本、口にくわえた。同じ左手で、ライターを点火し、煙草に火をつけた。

ぐっと息を吸い、せわしなく煙を吐いた。深く吸わないので、紫煙ではなく、白い煙になった。

こころなしか、手が震えている。

山田は、よほど先手をうち、相手に飛びかかりたい衝動に駆られた。

相手が、拳銃を右のポケットに隠し持っているのは、見当がついている。先手を打って飛びかかった方が、早くかたがつく。

が、できない。

万にひとつ、相手が右のポケットに隠し持っているのが扇子だったら、どうなるか。

相手は、口元に薄笑いを浮かべながら言うに違いない。

「親分、どうされましたか。何を、ビクビクされとるんですか。わし、何も、命もらいに来たんじゃないんです」

それは、殺されることより、よほど屈辱的であった。耐えがたいことだ。今後、極道として大きな顔をして生きていけなくなるほどの屈辱なのだ。

それゆえに、こちらからは、決して手を出せなかった。

〈出したら、やる。しかも、失敗したら、命を取られるしかない〉

極道は、上になればなるほど辛いものだ。

山田は、こんなぎりぎりの状況で、教訓めいたことが浮かんでしまうおかしさを味わわされていた。山田は、慎重に言葉を選びながら言った。

「まあ、とにかく、指をくれえじゃどうじゃ言うてやのう、きのうもわしが高木に言うとるように、そらあ、他人が言うとることじゃから、同じ共政会の会員同士では、怪我もしとらん、何もしとらんと言うことで、話し合いでつくもんじゃ。それを、そこまで言うなら、よほどのことじゃろう。おまえらが来たことは、親分は知っとるのか」

「ええ、知っとられます」

「よし、わかった。ほんなら、わしから親分に話ししよう。おまえら、もうわかったけえ、帰れや」

「そんなら、帰ります」

が、ふたりは、口ではそう言いながらも、いっこうに立ち上がろうとはしない。

〈よし、こいつら、いつでもチャカを出しやがれ。出したときは、わしも勝負じゃ〉

山田は、ふたりから眼を離さなかった。

山田は、立膝をしている。

いつでも撃て、と言う気でいた。

ふたりは、背広のポケットに入れた手に力をこめたように思われた。

山田は身がまえた。

〈来るな……〉

樹田が、ポケットからすばやく拳銃を取り出した。

〈やはり、チャカじゃったのォ〉

山田がそう思ったときには、山田めがけ、すでに引き金が引かれていた。


すさまじい銃声が、山田の耳をつんざいた。

山田は、とっさに、座卓をひっくり返し楯にしていた。

その瞬間、座卓の上に置いてあった青銅の灰皿、マルマンの卓上ライターが、ふっ飛んだ。

ところが、弾が発射されたのは、樹田の拳銃ではなく、稲葉の拳銃だった。

稲葉の弾丸は、山田の体を外れ、居間とベッドとを仕切っているカーテンを突き抜け、ベッドの方向へ飛んでいた。

弾丸は、ベッドに潜っていた多美子の足元を掠めた。

多美子は、ふだんは、窓際から遠い方で寝る。この夜に限って、窓際にいた。そのため、奇蹟的に足元を掠めただけで助かった。

山田の目に、樹田の拳銃の先端が止まった。

樹田らの持っている拳銃は、回転連発式の拳銃ではなかった。アメリカのイサカ社で造ったM1911A1である。アメリカ軍が、第二次世界大戦のとき、正式採用した拳銃だった。一発撃つごとに、自動的に、薬莢が飛び出し、引き金を引くだけで、連続して撃つことができる。

が、このとき、薬莢が飛び出なかった。飛び出すはずの薬爽が拳銃の中に引っかかって、拳銃が動かなくなったのである。

山田は、胸を撫でおろした。

〈助かった……〉

弾丸が発射されなければ、拳銃はたんなる石コロと同じだ。

泡を喰っている樹田めがけて、山田は、楯にしていた座卓をはね飛ばし、襲いかかった。

「このぉーッ！」

山田は、樹田を組み敷いた。

樹田の拳銃を奪いにかかった。

が、樹田は必死になって握りしめている。なかなか、奪えない。

山田の部屋つきの若い衆が、拳銃の音に驚き、二階に駆け上がり、寝室に飛びこんできた。

稲葉に襲いかかり、後ろから羽交締めにした。

稲葉は、拳銃を握りしめたまま、離さない。拳銃の柄で、若い衆の脇腹を殴りつけた。

稲葉の拳銃は、弾丸が生きている。いつ弾丸が飛んでくるかわからない。

山田は、さすがに肝を冷やした。

山田は、樹田の手から、拳銃をもぎとろうとした。

「こいつ、離しやがれ！」

樹田は、なおもしぶとく拳銃を離そうとしない。

山田は、樹田の拳銃を持つ右手に、思いきり噛みついた。

樹田は、悲鳴を上げた。

「痛あー！」

ようやく、拳銃を離した。

山田は、奪いとった拳銃で、樹田の顎を思いきり殴りつけた。樹田は、ふっ飛んだ。

山田は、若い衆と格闘している稲葉めがけ、飛びかかった。

稲葉は、階段の方へ逃げようとした。

若い衆は、稲葉の腕をつかまえたまま、離さない。

山田も、稲葉の拳銃を持っている腕をつかまえた。

樹田が起き上がり、三人が揉み合いになっている塊めがけ、飛びかかってきた。

四人は団子状にもつれ合い、寝室から外に出た。さらに階段をふっ飛ぶようにして下に落ちた。

突然、二階から金切声がした。

「あんたーッ、木剣持っとるでぇ！　これで、やりんさい！」

多美子が、ふだん山田が若い衆に気合を入れる木剣を持って、叫びながら駆け降りて来た。

すさまじい形相をしていた。
「お父さん！　早よぅ、早よぅ！」
木剣でやっつけろという意味だ。
山田は、多美子を制した。
「馬鹿たれ！　危ないいんじゃやけぇ！　二階へ上がっとれえよ！」
羽交締めにした稲葉の持つ拳銃は、銃口が、多美子の方を向いていた。
多美子は、あわてて二階へ駆け上がった。
山田は、稲葉が持つ拳銃の薬莢の部分を必死で握った。
薬莢が、床に落ちた。
まだ、一発弾が残っている。
稲葉の手から、拳銃をもぎ取った。
その拳銃で、力の限り稲葉を殴りつけた。
稲葉は、気を失い、仰向けに倒れた。
山田は、立ったまま、拳銃を手に持ち、銃口を稲葉の頭に向けた。
「おんどりやあ！　わしを撃ったんじゃけえ、わしも、おのれに撃ちこんでやる」
山田は、一メートルの至近距離から、稲葉の頭めがけ、引き金を引いた。
弾丸が発射された。
〈やったぁ、また殺ってしもたぁ……これで、三人目じゃ……〉

山田は、つい眼を瞑った。

一瞬ののち、眼を開けた。そのとたん、冷静になった。

稲葉の顔を見た。

どこも、弾丸は、貫通していない。それどころか、稲葉は、うっすらと眼を開けている。

山田は、思わず訊いた。

「おい、どこに当たったんなら」

「どこも当たっていません」

山田は、拍子抜けした。弾丸は、稲葉に命中していなかったのだ。

「よしッ、おまえも、恨みも何もないわしのところへ撃ちにきたことでもあるし、立派なことじゃけえ、命だけは助けたる」

稲葉は、パッと起き上がり、正座した。

「どうも、大変、大それたことをしました。どうも、すみません。こらえてください。勘弁してください」

稲葉も樹田も、顔中、血まみれになっていた。こちらは、素手なのに、相手は、けっこう殴りまわされていた。山田は、はあはあ、と肩で荒い息をした。

他の三人は、山田よりも、もっと息が荒れていた。若い分だけ、動きが激しかった。

樹田と稲葉は、神妙に正座している。

俯《うつむ》いたまま、顔をあげない。

殺しに行った相手に、ねぎらいの言葉をかけられ、ふたりは、これ以上ない恥辱を味わっていた。山田は、ふたりを持てあましたように言った。

「ちょっとな、わしも気が落ち着かにゃ、どうしてええか、わからんけえ、ここに、おれや。ちょっとの間な」

多美子が、そうっと降りてきた。

「お父さん！　恐ろしかったねえ。こげな恐ろしいこと、もう二度とええよ」

多美子は、青ざめた顔が、まだもとにもどらない。それだけ、衝撃が大きかったようだ。

多美子にとって、夫を喪うことは、生きる支えを喪失することと同じであった。

山田の元気な姿を見て、多美子は、ほっとした。が、山田の顔を見たとたん、多美子は言葉を失った。山田の額には、十円玉ほどの傷があった。血が噴き出ている。てっきり拳銃の傷に違いない、と思いこんだ。

「あんた！　これ、撃たれとるんじゃないんね。この傷は、血が出よるんじゃない」

山田は、思わず額を触った。

「おー⁉　なんじゃ、わしが、撃たれた？」

山田は、気が昂っていた。自分の体が自分でないような感じがしていた。しかし、乱闘がおさまり、はじめて体という体の神経が、もとにもどってきたような気がした。

「あんた、何言うとるんね。傷は、痛うないの」

「痛うない、ぜんぜん痛うない」

山田は、倒れる様子もない。

多美子は、傷口を、しげしげと見た。

「ちょっと、座りんさい」

多美子は、詳しく見た。

「あんた、これ血の塊が、付いとるんよね。よかった……大事じゃのうて」

多美子は、その後、神妙に座っている襲撃犯人のふたりを見た。

山田が、多美子に言った。

「そのお客さんも、傷口、手当てしたれや」

多美子は、おそるおそる、樹田と稲葉の傷を調べ、手当てをした。

ふたりは、あらためて詫びた。

「すみません、どうも……」

ふたりにとって、タマを取るのに失敗し、あげくの果てには、傷の手当てまでしてもらった。

それこそ、その場にいること自体が、恥ずかしくてたまらないはずであった。

山田は、正気にもどるにつれすぐに考えた。

〈これから、どうするか……〉

ただ、やみくもに突撃するだけの若いころなら、ふたりを、生きて帰すことなどなかったかもしれない。理事長になって五年、最初は、一〇メートル四方、次には、一〇〇メートル四方、いまは、一キロメートル四方が見えるようにまでなっていた。

山田は思った。

〈ここに、こうして拳銃が転がっとるが、やつらに、これを持って帰らせたら、不法所持で、また捕まるだけじゃ。拳銃は、ここに置いとかにゃならん。拳銃を持っとるとこを、誰かに目撃されれ、そいつが警察にチンコロしただけで、捕まってしまうご時世じゃ。ほじゃけえ、この拳銃は、早いうちに警察に出さにゃいけん。出したら出したで、これは、どこから、誰が持ってきたんじゃ、ということになる。ほんなら、この若い衆も拳銃といっしょにサツへ出した方が、ええ〉

山田は、犯人のふたりに向かって言った。

「おまえらも、勝手にわしのタマ狙うてから、まかり間違って、わしが死にゃあ、おまえら二十年は、しょいこむんじゃったんじゃ。こうしてわしは、死んどらんのじゃけえ、未遂じゃろ。ほいじゃが、おまえら、組に帰ったら、なんで失敗したんじゃいうて吊し上げくらうじゃろう。そうなると、無茶苦茶いなげなことになる。わしものォ、また命取られるのも馬鹿らしい。本来こうして、おまえらが、わしにぶち殺されんで、安心した体でおるんが、もっけの幸いなんじゃけえ。わしの命に免じて、おまえら、拳銃持って、こうこうしました、言うて警察に出頭せえや」

「はい、ほなら、親分の言うとおりにします。すんません」

ふたりは、すっかり畏まっていた。

山田の提案に、何の疑問も湧かなかった。狙った相手に慰撫されるようにして警察に出頭していくやくざ者も、そういるものではない。

時計は、午前十時三十分を過ぎていた。

山田は、広島東署に電話を入れた。十五分後、東署署員が駆けつけた。

樹田と稲葉は、拳銃不法所持と殺人未遂で広島東署署員に逮捕された。

東署署員は、拳銃二丁と発砲しなかった実弾六発を押収した。

山田は、駆けつけた広島東署署員に取調べを受けた。

山田は、刑事の質問に答えるのも面倒なので、事のいきさつを細かくテープに吹きこんだ。それが、そのまま、取調べ調書として提出された。

この拳銃乱射事件を重視した県警捜査二課と東署は、十二日朝、広島市内三署と呉の警官を非常召集するいっぽう、機動隊三十人をふくめた計五百人の警官を出動させ、共政会幹部宅などを非常警戒した。これだけ厳戒態勢が敷かれたのは、三十八年の「第二次広島抗争事件」以来はじめてのことである。

山田は、命拾いをしたその日、昂った気持のまま、村上たちの狙いを、推測した。

〈今日、呉で、小原組の若い衆の葬式が行われる。その葬式が、わしを殺害するために、仕掛けられた罠だとしたら……〉

山田は、事あるごとに狙われていた。確実に山田を殺害するには、外に呼び出して、しかるべき場所に誘いこみ殺すのが、常識であった。呉の葬式は、格好の殺害チャンスだ。お膳立ては、整っている。

〈それなのにどうして急に、ゆうべわしを殺そうという計画に変わったのか……〉

村上が、山田を異常に恐れたために、山田殺しを急いだに違いない。

〈村上と宮岡が、ふたりで酒を呑んでいた夜中の三時間くらいの間に、急に思いつき、命じたんじゃろう〉

いっぽう、村上組では、樹田、稲葉のふたりが逮捕された、との情報を聞き、山田のもとに電話を入れた。それも、一本や二本ではない。

「もしもし、小菅さんですか」

わざと間違い電話のふりをしてかけてくる。山田は電話に出て間違いであることを言った。

「いいえ」

「そうですか。失礼しました」

ところが、それから何回も、間違い電話が入る。そのうち、山田は気づいた。

〈村上のしわざに違いない〉

山田が殺されていたら電話には出られない。山田が生きているか死んでいるか、確かめているに違いない。

山田は、にやりとした。

〈よーし、撹乱させてやれ〉

また、電話が入った。

「もしもし、山本さんですか」

さっきと同じ人間の声だ。

「はい、山本ですが、なんでしょう」

山田は、わざと相手が言った名前に合わせ、同じ名前を名乗った。村上組組員のとまどいが、見えるようであった。

また電話が入った。

「岸田さんですか」

「はい、岸田ですよ」

「おかしいのォ……」

午前中だけで、十本もの電話が入った。

今度は、村上組の代貸しクラスの平野一明が、名前を名乗って電話をかけてきた。

「もしもし、兄貴ですか。平野です」

「おうこら、平野。わりゃ、よう、若い衆、寄こしやがったのう」

平野は、村上組と十一会が揉め、神戸の六甲山ホテルに宿泊している村上正明組長を山田が説得しに行ったとき、いっしょに同行した男である。

山田は、わざと平野にカマをかけた。

「おう、おどりゃ、ようも、やりゃがったのォ。正明に、言うとけ、いま、医者に診てもろうたんじゃが、弾が腹ん中入っとるんじゃ。いま弾抜いたら、出血多量で死ぬるかわからん。ぎっちりサラシ巻いとるんじゃ。どっちみちいつ死ぬかわからん体じゃから、機関銃じゃないど、バズーカ砲で、正明とこ吹き飛ばしたるけえ、待っとけえ。わしが、こういうように、言っとったいうて、正明に言うとけぇ」

「わ、わかったよ」

平野は、すっかり本気にしてしまった。

村上は、平野から山田の言葉を聞くや、歯ぎしりして悔しがった。

「あの久の跳ね返りが……わしにどうしても、久を殺さすいうんか」

村上は、子分の手前、強がってはみせたものの、山田の報復が恐ろしくてならなかった。

村上は、その翌日の十三日深夜、ひそかに、下関の合田幸一組長に電話を入れた。

恥も外聞もなく、泣きついた。

「わしを守ってください、親方。山田のやつは、わしを、ただではすまさんじゃろうけえ」

合田は、村上に注意した。

「山田は、何でも、筋の立つことなら、おまえの言うこと聞く言うていいよるのに、おまえらが、ケツ出してから、喧嘩になったんじゃろうが」

村上組長に泣きつかれた合田組長は、その翌朝、笠岡の浅野組長に電話を入れた。事態の収拾について、相談した。

浅野は、山田が、実の親とも、共政会二代目会長の服部武とも同じほどに信頼している親分である。

共政会の後見人的立場にあるふたりの組長が協議した結果、その翌日の十月十五日、合田組長が、仲裁人として、徳山の湯野温泉の「静山荘」で、会合を持つことに決まった。

共政会内部抗争激化、山田久会長ヒットマンに襲われ側近一人を射殺された

私は、山田久共政会三代目会長の取材中、言われた。

「わしの車を見て下さい」

山田会長は、車庫に案内しながら語った。

「わしが共政会の会長に就任するとき、昭和四十五年、大阪の親分たちに車で挨拶に行った。大阪で踏み切りで停まったとき、広島からつけてきた車が、背後に停まった。その車から降りた連中が、わしらの車に張りつき、後ろからチャカで、中にいるわしらを狙い射ちした。わしは、左胸に弾を受け、奇跡的に助かった。が、幹部で無二の親友の原田（昭三）さんは撃ち殺された。そのときの痛手から、世界に何台もない白のベンツのリムジンを特注で作らせた。九千万円もした。それにさらに手を加え、外からチャカでいくら撃ちこんでも、弾の貫けない防弾ガラスを使った。動く要塞なわけじゃ」

まさに、重戦車のような車であった。

その窓が、おそろしく変わっていた。スモークの防弾ガラスで、決して開かない。いったん乗

ったら、窓を開けて外を見る必要のない要人が乗る車だからである。

要人といえば、山田会長くらい要人はいない。どこから命をつけ狙われているかわからない要人である。山田の場合、「窓を開ける必要のない要人」というよりも、「窓を開けてはいけない要人」といった方が正確である。

本場のドイツに直接作らせた。外からマグナム弾を撃ちこむ実験にびくともしなかったという。日本に一台しかなかった。同じ型のものは何台かある。が、防弾ガラスの窓つきのベンツリムジンは、他に一台もないという。

山田会長は語り続けた。

「以前、田岡一雄組長のキャデラックのリムジンに乗った。が、窓は、防弾ガラスではなかった。もっとも、田岡会長には、カムフラージュ用として、もう一台同型の車がある。それには、防弾ガラスをつけているのかもしれない。それはわしも知らなかった。

世界を探しても、このようなスーパーカーを作らせるのは、アラブの石油王くらいの金持ちくらいだろう」

あらためて、よほど懲りた事件だったのだと思わされた。

山田久が二代目の服部武の跡を次いで三代目を襲名することに決まっていた。

残るは、三代目会長襲名披露を、いつ、どこで行うかだけであったという。

原田昭三らと協議の結果、昭和四十五年十一月二十四日、日本三景のひとつ安芸の宮島で行うことになった。旅館『錦水館』を貸し切ることにした。

しかし、依然として、山田の三代目襲名を不服とする一派が、くすぶっていた。十一会の不服組の中心に、山口英弘十一会相談役、梶山慧十一会副会長がいた。

山口は、昭和四十二年十月に引退を表明していたが、十一会に隠然たる力をふるっていた。

山田は、そのような山口の動きが、鬱陶しくてたまらなかった。

「引退したものは、わしらの稼業のことに口を出すな」

釘を刺した。

梶山が、高飛車な態度を取り続けるのも、裏で山口が糸をひいている、と断定した。

山口も、黙ってはいなかった。

「山田は、共政会をいじくり、自分の思うままに牛耳ろうとしている。山田は、きれいごとを言うてはいるが、十一会を骨抜きにするつもりじゃ」

梶山が、山口に同調した。

「山田を、一回、しごうしたらないけん、思いよったんじゃ」

梶山は、ついに山田三代目襲名阻止の急先鋒になってしまった。

が、十一会会長竹野博士だけは、山田に同調した。

そのため、いっそう複雑によじれてしまったのである。

十月下旬、徳山市内の料亭に、十一会副会長梶山慧、侠道会の組織委員長池田勉、合田一家浜部組若頭高橋琢也が集まった。

三人の兄弟分盃が、交わされた。

これで、完全に共政会との反目を露わにした。

このような不穏な雲行きの中で、十一会抗戦派は、ついに行動を起こした。

十一月十二日、広島市から六十キロ以上も離れた竹原市の沖合、懊島に近い海上に、農耕船を出した。農耕船の焼き玉エンジンは、タンタンと音がうるさく、ピストルを撃っても、エンジンの音にかき消され、周りに聞こえない。

十一会の組員は、幹部の指導のもとに、五名が、ピストル操作の練習と、度胸を磨くために、ピストルを三十発以上撃った。

山田狙撃の準備は、整った。

十一会組員は、射撃訓練をした翌日の十三日午後三時から、山田を狙った。山田は、午後から広島市内を乗用車で移動中であった。

四時間もかけて山田のあとを尾行した。

山田を撃ち殺すチャンスを狙った。

が、ボディーガードが多く、山田は、なかなかひとりにならない。

トイレに行くにも、外でボディーガードが見張っていた。

「山田め、前に狙われたんが、よほど懲りとるんじゃの」

「用心深いやっちゃのォ」

十一会のヒットマンは、ついにあきらめた。

が、山田は、この十一会の隠密の動きを知らなかった。

自分の命が、機会あるごとに狙われているのも知らず、十四日の朝、十一会副会長梶山慧に、みずからの共政会三代目襲名の了解を求めるべく、使者を通じて伝えた。

「山田理事長の三代目襲名の挨拶をしに、十七日に大阪の松田組へ行く。二十四日が、襲名披露じゃけえ、心得ておいてくれ」

梶山は、言葉を濁した。

「わし、ちょっと兄弟分に相談してきますけえ」

梶山は、先に兄弟盃を交わした池田と高橋に相談するつもりであった。

梶山は、山田の使者が帰ると、すぐその場で、子分を集め、協議した。

「ええな、いまがチャンスじゃ。十七日の昼の十二時に山田は、共政会本部に集合する。それから尾道の侠道会に寄り、笠岡の浅野組に寄る。その後、神戸、大阪とまわっていく。狙うのは、尾道を出たあとじゃ」

梶山は、さっそく細かい指示を与えた。

子分は、指示どおり、それぞれ散っていった。

梶山は、愛人の勤めている店にも、電話を入れた。

「おい、今日から店を休め。ええな」

いっぽう、山田らは、翌十一月十五日、共政会本部に、合田一家総長合田幸一、浅野組組長浅野真一らを招いた。

この席で、山田の叔父貴分の原田昭三副会長ら山村組大幹部を舎弟分に、十一会会長竹野博士ら幹部を山田の子分とする盃を強行した。

十一月十七日午前十一時五十分、山田は、このころ皆実町に移っていた共政会本部事務所のドアを押しあけた。新調した細かいストライプ模様のダブルの背広を身につけていた。鏡を見、背広の襟の乱れを直した。

山田の姿を見た若い衆が、飛んで来た。

「理事長、梶山の女が、三日間、無断で店を休んでいるようです」

一瞬、山田の背筋を寒いものが走った。

「おお、ほいなら、念のため、梶山の事務所を調べてみいや」

やがて、若い衆が帰って来た。

「誰も、事務所にいません」

「なあにぃー！」

山田は、昼の十二時に出発の予定を、急遽変更した。

やがて、やって来た原田にも言った。

「ちょっと、様子がおかしい。時間を、ずらした方がええ。原田さん、麻雀でもしますかいね。半チャン二回、出発は二時に」

原田は、眉根を曇らせながら答えた。

「ええぞ。ほいじゃが、山田、大丈夫か。日を変えた方がええんと違うか」

「ま、調べましょう」

そばにいた若い衆に、命じた。

「今日いっしょに行く連中に、集合は国道2号線のはずれのドライブインに二時、と連絡しとけ」

共政会本部には、いつも雀卓が用意されていた。幹部が、時間を潰すためである。

半チャン二回、約二時間である。

牌をかきまわしながら、山田は考えた。

〈どこで狙うとるんかいの、やつらは……〉

不気味な時間が流れた。

が、牌をかきまわしているうちに、その不安も薄れた。

麻雀は、原田のひとり勝ちに終わった。

原田は、しかも役満を上がった。

その役満が、何とも不吉な役だった。

「原田さん、大丈夫かい。あんたこそ、九連宝灯なんか上がって」

九連宝灯、その役を上がったものは、必ず不吉なことが起きる、という役満であった。

「わしゃ、大丈夫じゃ。あんたほど偉うないけえの」

が、原田の気持の底にも、底冷えのする不吉な予感があった。

やがて、出発の時間が来た。

山田は、ドライブインで待ち合わせの予定の者全員に、ひそかに命じた。

「おい、わしに何があるかわからんけえ、おまえらも背広持って来ておけ。わしに何かあったら、おまえらが、わしの代理で挨拶するんじゃ」

指定したドライブインには、午後二時過ぎに着いた。

岩本敏幸、大下博、田島幸人ら幹部連中が、つぎつぎと集まって来た。車が五台である。

一行は、まず尾道の侠道会に立ち寄った。

午後三時前であった。

侠道会の年のいった幹部クラスの者が、山田らを出迎えた。

「どうぞ、中へ入って下さい」

言われた大下が、首をかしげている。

「どしたんなら」

山田が、大下に訊ねた。

事務所の入口まで進んだ山田は、窓越しに部屋の中を見て、一瞬躊躇した。

部屋の真ん中には、ゴミがうずたかく積み重なっている。

ほとんど空き家みたいな場所だ。

山田も、首をかしげた。

大下が、山田に耳打ちした。

「かしら、なんかさっきから、わしらの周りを、変なコロナが尾けまわしています。若いやつら、トランシーバーを持っとりますよ。おかしい」

山田は、そう言われて周囲を見まわした。

侠道会のものらしい車が、ぐるりと取り巻いている。

侠道会の幹部のひとりが言った。

「ちょっと待ってください。いま幹部が来ますけえ」

山田は、おかしいと思いながら、待った。

十分ほどして、別の幹部がやって来た。

山田は、やって来た侠道会の幹部に毒づいた。

「入れ、言うて、なんかいっぱいゴミがあるぞ。こげな空き家みたいな汚いところへ、入れるわけがないじゃないか」

山田は、大下をうながした。

「おい、次へ行こう」

山田は、セドリックに急いで乗りこんだ。

さすがに、山田の勢いに押され、狙っていた誰も、山田を撃てなかった。

山田は、後部座席の真ん中に座った。

山田は、腹巻を手で探った。用心のため、ベレッタを押しこんでいたのだ。

〈来るなら、来い。いつでも、撃ち殺してやるけえ〉

が、山田は不安だった。

どこから飛び出して来るかわからない刺客の影が、ひたひたと忍び寄って来ていることだけは、間違いないようだった。

二時間も遅れている。早くしないと相手に失礼に当たる。

山田を乗せたセドリックは、国道2号線を福山へと急いだ。

〈どこで、やつら、飛び出して来るんかいのォ〉

山田は、急遽車を停めた。公衆電話から、笠岡の浅野組長に連絡を入れた。

「ちょっと、そちらへ寄れません。なんかキナくさい臭いがするんじゃ」

「わかった。わしが、福山まで出向こう」

浅野組長は、福山まで、ベンツを運転してやって来た。福山の浅野組配下の事務所で落ち合った。午後三時半を過ぎていた。

浅野組長は、心配そうに山田に訊ねた。

「何かあったんか。ようけ引き連れて」

「いやあ、わし絶対に命狙われとります。大阪の松田組長のところへは、誰か代わりの者を立てにゃいけんかもしれん、思いよる。人間もいっぱい連れて行かんと、何があるかわからん、と思うて連れて来たんじゃが」

山田の表情があまりに真剣なので、浅野組長も、原田も、心配になった。

浅野組長が言った。

「ほいじゃが、いくらあんたを狙ういうても、今日は、ないじゃろう。ようけの人数で行けば、旅の人に迷惑をかける。ごく少数だけで、行けえや」

原田も同調した。

「そりゃ、おまえが、自分のことじゃから、そのように思うんじゃ」

山田も、考えすぎかと思った。

〈あまり、疑心暗鬼になりすぎて、もし何もなかった場合、あとで風が悪いのォ〉

山田は、ふたりの意見にしたがうことにした。

「わかりました。ほいじゃ、おまえら、ここから帰れ。ここから先は、わしと大下だけで行く」

宮岡を清水毅らと襲撃した新井の実の兄がためらった。

「ほいじゃが、かしら、危ないけえ、わしら付いていった方が……」

「いや、帰れ。大下だけでええ」

山田の説得に、言われた幹部たちは納得した。

念のため、山田は、乗ってきたセドリックを降りた。セドリックは、広島に帰る幹部が乗って帰ることになった。

山田は、浅野組長の運転するベンツに乗りこんだ。そのベンツで大阪に向かうことにした。浅野組長の運転するベンツのあとを、大下の車が、護衛するような形で進んでいった。

そのころ、山田の命を狙う十一会一派は、倉敷の手前の高梁川の橋のたもとで張っていた。

高梁川にかかる橋は、相当長い橋である。橋を渡ると、倉敷市内に入る。その先は、道が一車線になる。狙うとしたら、ここしかなかった。

が、浅野組長は、その道をとおらなかった。

「もう二時間も遅れとるけえ、横道を行こう。この時間じゃと、倉敷に着くのは、五時を過ぎる。倉敷は、とんでもない渋滞じゃ。倉敷を抜けるのに一時間かかる」

すでに、午後四時近かった。

倉敷をまともに抜けて行けば、岡山に着くのに倉敷から、さらに二時間はかかる。午後七時過ぎになる。そこから、大阪に向かえば、着くのは夜中である。

浅野組長は、福山市から内陸部にある井原市を抜け、岡山市へ至る山道を選んだ。

岡山に着いたのは、午後六時前であった。そこから、姫路に向かった。

姫路には、共政会と友好関係にある「関西二十日会」のひとつである木下会がある。

木下会に挨拶のため、立ち寄った。

そこへ、尾道の侠道会から電話が入った。

「三代目襲名披露には、うちから何名出席したらええですか」

明らかに、山田がいるかどうかを確かめたのである。

侠道会の背後に、十一会の殺し屋の影があった。だが、山田は、それが、梶山らの山田殺害計画の一環だとは、まだ信じられなかった。

山田の所在を確かめた十一会の殺し屋は、またひそかに行動を開始した。

その夜、山田らは、木下会の用意した宿に泊まった。

翌朝早く、山田らは、姫路を出た。

木下会の車が、先導した。

神戸三宮にある大嶋組へ挨拶に向かった。

関西二十日会に属する大嶋組は、全国一の暴力団山口組とは、対立する組織である。

その後、やはり神戸にある忠成会に挨拶に行った。忠成会会長と、浅野組長が、兄弟分の関係にあったからである。

浅野組長が、忠成会会長に言った。

「兄弟、広島もきれいにまとまって、もう揉めごとも起こらんけえ、安心してくれえ」

忠成会会長が、山田の方に向き直って言った。

「山田君、よかったな。がんばってくれや」

「どうも、ありがとうございます」

神戸の親分衆に挨拶した山田らは、大阪の西成にある松田組に向かうことになった。

浅野組長が、またベンツを運転することになった。

ここで、竹野博士十一会会長が合流した。

竹野は、先に神戸に入って、親分衆に挨拶をすませていた。

大下は、運転席の隣りの助手席に乗った。

竹野が、後部座席の左側から、ベンツに乗りこんだ。

山田と原田は、後部座席右側から乗ることになった。

山田が、原田をうながした。

「あんた、先に乗んなさい」

原田が渋った。

「おまえ、馬鹿じゃのう。ベンツは、真ん中が、一番クッションが悪いんじゃ。おまえが乗れえや」

「ほなら、わし失礼して、先乗るよ」

この位置が、運命の岐路になるなど、そのときは、誰もわからなかった。

阪神高速をとおり、バイパスを抜けて、大阪の西成に向かった。二代目松田組の樫忠義組長に挨拶に行くためであった。

やはり、忠成会の車が先導してくれた。

原田が、急にしんみりした口調になった。

「のう、山田よ。帰ったら、わし、梶山によう言うてきかすけえ、梶山が、断わり言うてきたら、こらえたろうや。あいつも、えらい山口らに踊らされて、あと先わからんようになってしもうたんじゃろ」

「まあ、あんたが言うんじゃけえ、わしも考えるわ。わしは、地獄の果てまで行っても、あいつに恨みがあるわけじゃない。本人が、断わり入れてくるなら、考えてみよう」

浅野組長の運転するベンツは、やがて、西成に入った。

原田が、話題を変えた。

「のう、山田よ。おたがい、ここらへんに住んでのうてよかったのう。死んでも葬式の菓子も出んちゅうけのォ。みなが邪魔して、仏になっても成仏でけんそうな。わしら、広島の極道でよかったよ。おまえみたいに業いるやつが、ようけおるが、葬式くらいは、豪勢にやってくれよの」

「なんか、車を停めとったら、タイヤもなんもみな持っていかれるちゅうがのォ」

ふたりは、笑いころげた。

ベンツが、停止した。信号につかまったらしい。

西成区今池町にある南海電鉄平野橋踏切であった。

やがて、踏切が上がった。車は、ゆっくりと発進した。

そのとき、突然、バーンという金属音がした。

凄まじい衝撃だった。

「エンスト、起こしたんかいのォ」

浅野組長が、間延びした声で言った。

「おい、どこの車じゃ。バックファイヤー起こしてからに」

バックファイヤーとは、車のアクセルを吹かしすぎたため、ガソリンが通常より多く出て、爆発が大きくなり、後ろの排気口から炎が噴き出すのである。

笑いころげていたふたりは、まだ笑いがとまらない。

間髪おかず、二弾目が炸裂した。

一発目よりも、もっと強烈な音響だ。

笑いが凍った。

「伏せえ！　伏せえ！」

山田は、身を伏せながら、狂ったように叫んだ。

山田は、すべてを察した。

拳銃が、ベンツに撃ちこまれたのだ。

しかも、敵は、すぐそばだ。

山田が乗ったベンツを、後ろから執拗に尾行していた車から飛び出たヒットマンが、山田の車を襲ったのだ。

しかも、先導していた忠成会の車とは、信号の向こうとこっちとで、離ればなれになってしまった。

山田の車だけが、周囲の車から孤立したような格好になった。

ヒットマンは、車の後ろのトランクの上に蛭のようにへばりついている。

ふたたび、銃が、車の中に撃ちこまれた。

「伏せえ！　伏せえ！」

山田の声に弾かれるように、左隣りの竹野が身を伏せた。

「マンホールが、爆発したんかい」

竹野は、何が起こったのかわからない。

「違う。伏せえ！　伏せえ！」

銃は、45口径だ。山田は、右隣りの原田を見ようとした。

その瞬間、右側の窓が、こなごなに砕けた。原田の体が、ふわりと浮いたように感じた。

原田の体を、45口径の弾が貫いた。

のろのろ運転の浅野組長は、まだ事態に気づいていない。

「このボロかすめッ！　なんで、こんなときにエンストするんじゃ」

後部座席は、修羅場であった。

原田は、くずおれるように座席にうつ伏せになった。

窓ガラス越しに、たて続けに拳銃が撃ちこまれた。三発、四発、五発、いつ終わるとも知れない。はじめて事態を察した浅野組長は、アクセルを吹かした。フルスピードで、逃げた。

敵は、ふたり以上いた。後部座席の両側の窓から、弾丸が炸裂してくる。

山田は、頭にカーッと血が上った。

「この腐れ外道めがッ！」

持っていたベレッタを手に持ち、立ち上がろうとした。

そのときである。

パチッという音とともに、突然、山田が、すっ頓狂な声を上げた。

「あれぇ？」

山田の左胸を弾丸が掠めたのだ。

弾丸は、三角窓からぶちこまれ、どこかの金具に当たって撥ね返り、山田の左胸の後ろから入った。これが、八発目だった。

「やられたあ……」

手で、胸を押さえた。

血がべっとりとついている。

不思議に、痛みはない。

興奮していたせいである。

走り去るベンツの窓から、外を見た。

が、犯人の姿は、もうどこにも見えなかった。踏切の混雑に紛れて、あっという間に消えたようだ。

山田は、左右を見た。竹野も、うずくまっていた。

体の右側を狙われたらしい。右側にいる原田がうめいた。

山田は、原田を励ますように言った。

「それみい、わしの言うたとおりじゃったろうが」

原田が、虫の息で答えた。

「そう……じゃあ……ああ……」

原田が、手を喉に当てた。きゅーッというような苦悶の表情になった。

体を貫通した弾丸による出血で、肺に血が逆流したようだ。

手が、硬直したようになった。

そのまま、ぐったりと手を落とした。

「原田さん！」

殴っても、叩いても、うんともすんとも言わなかった。

原田は、苦悶の表情のまま、こと切れた。

あっけない死であった。

ベンツは、狂ったように走りまわった。

車は、天王寺署に停車した。偶然だった。

警察か病院かを、探しまわっていたところだった。

山田らは、そのまま、天王寺病院に誘導されることになった。

病院へ向かう途中、山田は、ベンツの中にベレッタの弾が落ちているのを発見した。

ベレッタには安全装置がついていない。下手なものが触ると、暴発する恐れがあった。その
ため、山田は、弾を抜いてシートの下に落としていた。警察に見つかるとまずい。山田は、その
ベレッタの弾を、とっさにポケットにしまった。

原田は、すぐに人工呼吸を施された。が、もう手遅れだった。

次に、山田の体が調べられた。

そのとき、先に隠してあったベレッタの弾が転げ落ちた。

警官がそれを拾った。

「これは、何や」

「それは、ペンダントにしておるもんです」

とっさに誤魔化した。やがて、体の傷を治療された。

山田の体に傷をつけた弾は、体の左側から飛んで来たものだった。まず、左側の背広の生地をとおり、ワイシャツを突き抜け、左胸の肉をかすめ、右側のワイシャツを通過し、背広を突き抜ける手前で止まっていた。

弾を見ると、先が四つに割れている。おそらく、どこかに当たったとき、先が割れ、勢いの弱まった弾が山田に当たったのであった。

この弾を見た警官が、何か疑問に思いはしないか、一瞬誤魔化す理由を考えた。すぐに、理由をこねくり出し、調子よく言い訳をした。

「これは、わしの体に入った弾じゃけえ、記念にもろうて帰ります」

警官は、うんざりといった感じではあったが、職務上仕方ない、という顔で言った。

「協力してくれんか」

山田は、拒否した。

「私は、協力しない。協力しても、当てにならん」

山田は、その後、レントゲンを撮られた。が、大した怪我ではない、と診断された。止血剤を一本打たれただけで終わった。

山田は、警官に毒づいた。

「解決は、わしらがつけるけえ、警察には、つけていらんわい」

警官は、露骨に厭な顔をした。

「こんな無茶苦茶な男には、関わり合いになりたくない」

そう言いたげである。

警官は、本当にうんざりしきった声で言った。

「もう、はよ帰ってくれ。これ以上、大阪を騒がしてくれんといてくれ」

事件発生から四十分経った午後二時十分ころのことであった。

事件の報は、その日のうちに、広島の共政会に知れ渡った。

その日の夕方までに、共政会の主流派や、浅野組組員らが、車を連ねて次々に大阪に向かった。

車にして二十六台、八十人を超える人間が、大挙して天王寺に入った。

山田の入院していた病院にも、組員が集まって来た。

いっぽう、山田の留守を預かる妻の多美子は、出入りの米屋の主人から聞かされた。

「いま、あんたとこのご主人のことが、ラジオで放送されよったよ」

多美子は、また夫の身に何か起こったのかと思った。

「それで……」

「なんでも、原田さんという人が死んだげな」

「えっ、あの原田さんがねえ。気の毒にねえ……で、うちの人は、どうしたんね」

「もうひとり死んじゃった、と聞いたが、はて、名前がようわからんのよ」

「わあ、お父さん、死んだんじゃろうか……」

要領を得ない米屋の説明に、むしろ知らせてくれなかった方がよかったのに、とも思った。不安が募った。

〈大丈夫じゃろうか……〉

多美子は、自分が何をしているのかわからないような不安な気持で、四時間を過ごした。待つしかなかった。そこへ、広島県警から電話が入った。

「おたくの旦那は、生きとるよ。弾が胸をかすった程度ですんだようじゃ。心配せんでもええ。天王寺の病院におってやけど」

すぐ病院に連絡した。

組員が出た。

「姐さん、理事長は、無事じゃ。わしら責任持って広島に連れて帰るけえ。殺ったやつは、わかっとる。それは、これからの話じゃけえ」

多美子は、ホッと胸を撫で下ろした。

〈無事でよかった。もうこんな心配は、二度とごめんじゃ。私は、今日から煙草をやめよう〉

多美子は、禁煙を誓った。

共政会組員たちは、その日のうちに、原田昭三の遺体と、山田久を連れて、広島に帰った。

山田は、明け方近く、広島市皆実町にある共政会本部にもどつた。

共政会本部には、四十人を超える組員が集結した。

いっぽう、反共政会の旗幟を鮮明にする十一会梶山派は、竹屋町の柿田ビルに集まった。

尾道の侠道会の組員も駆けつけ、総勢二十人を超える人間が集結した。

十一月二十一日、侠道会は、広島市内をデモした。

「大阪事件は、侠道会は、関係していないことを共政会へ釈明する」

侠道会の車に乗っていた男たちが犯人だったので、疑われたのであった。

昭和四十五年十一月二十四日、山田久の負傷で、中止になるかと見られていた「共政会三代目襲名披露」は、予定どおり、安芸の宮島は『錦水館』で開かれることになった……。

「大阪事件」から三日経った、昭和四十五年十一月二十一日正午過ぎのことである。尾道市久保にある木造モルタル二階建ての侠道会事務所から、会長の森田幸吉が飛び出してきた。

事務所は、国道2号線の南側に平行する市道から、幅二メートルの小路を入り、民家一軒置いた先にあった。

乗用車に乗ろうとする森田に、警戒していた尾道署員が、あわてて近づいてきた。

森田に、事情を訊いた。

「どこへ行く！」

森田は、口を歪め、激しい口調であった。

「広島へ、誤解を解きに行くんだ」

共政会理事長の山田久らを襲撃した犯人が乗っていた車が、侠道会の組員のものと判明したからである。共政会は、当然挾道会を狙ってくるはずだ。

〈その前に、山田に会っておかなければならない〉

森田は、そう思っていた。

初老の尾道署員は、森田を制止した。

「やめておけ。トップのおまえが行くと、事がよけい大きくなる。おまえだって、ようわかっとろうが」

前髪に白髪の交じる署員は、暴力団担当のベテランであった。

いままで、いくつの抗争事件を目撃してきたかわからない。

そのベテランの勘で、今回の事件だけは、何か大変な事件の幕開けとも想像された。

「のう、森田、おまえの気性は、わしがよう知っとる。おまえは、カーッとなったら止まらん性格じゃ。悪いことは言わん。やめておけ」

が、森田は、その手を振り切った。

「行かせてくれんか。わしが行って説明したら、ことは早いんじゃ」

口を真一文字に結び、一歩も退かない。

森田が、尾道署員と押し問答している間にも、組員の用意した乗用車が、次々と事務所の前から出て行く。

十三台が、他の尾道署員の制止を振り切り、スタートしてしまった。乗りこんだ組員は、およそ六十人はいた。

侠道会高知支部から乗用車二台で飛んで来た六人。三原、因島、さらには、瀬戸内海を隔てた愛媛の今治支部からやってきた組員も十四、五人はいた。トビ職のはく地下足袋や運動靴をはいた軽装のものもいた。事件の報を聞き、取るものも取りあえず飛んできたのか。

森田会長を乗せた車も、猛スピードで発車した。

初老の尾道署員は、舌打ちした。

「ちょっと、面倒なことになったわい」

ただちに、尾道署に電話を入れた。

「やつら、言うてもきかんのじゃ。パトカーを三台、寄越してくれ。追跡せにゃあ、広島に血の雨が降る」

「森田会長が、共政会の報復で殺される」

という危機感が、系列下にある挟道会組員たちを走らせていた。

侠道会は、発足して間もない暴力団であった。

昭和四十四年一月、尾道市の暴力団旧高橋組の勢力が中心になり、三原市の中原組、因島市の山田興業、旧松永市の清水組の各暴力団が大同団結し、森田幸吉を会長に、組員約百二十人で発足した。

他に対立する強い暴力団がなく、土着暴力団として勢力を広げ、高知、今治などの四国の都市にも支部などを作っていた。結成当初は、資金源に悩み、交通事故の示談金を脅しとったり、ピンク映画フィルムの売買、賭博などで組を維持していた。

四十五年六月二十七日、旧高橋組の高橋徳次郎組長が死んだ。その後、組員は統制がきかなくなり、市内の繁華街で一般市民にからんだ。

八月十日、侠道会は、高橋組長の盛大な葬儀を営んだ。全国の親分衆を集め、実質的にこの葬儀を森田幸吉の高橋組二代目組長襲名とした。

この花代が、一億円にものぼった。

この資金をもとに、侠道会の組織拡大につとめ、組員も百七十人に増えた。

大阪事件では、共政会理事長山田が負傷し、原田副会長が即死した。共政会の実質上のナンバー1、2が狙われたのである。

共政会の侠道会への報復が、中途半端に終わるわけはない。これは、誰もが想像した。

じっさいに手を下したのは、共政会の反山田派である梶山慧一派である。しかし、やくざの世界は、敵の味方は、敵なのだ。

眼線ひとつ剣呑になっただけで、ゆうべの味方が、今日は、敵になる。仲良く麻雀していた同士が、朝起きてみたら喧嘩になり、ひとりが、血塗れになって殺されていた、などというのは日常茶飯事である。

ましてや、今回は、犯行の車が、まぎれもない侠道会のものだ。

事件が起きた十八日以来、侠道会組員は、事務所に詰めていた。夜も寝ずに、交代で番をしていた。

前日の深夜、森田会長と弟の森田和雄副会長が、事務所から二〇〇メートル離れた焼き肉屋に出かけた。このときも、異常に神経を尖らせた。

組員三人が、あらかじめその焼き肉屋に偵察に行き、その後、さらに組員二十人近くが道路の角ごとに警戒するという用心深さであった。

一般市民がとおるときも、その顔を懐中電灯で照らした。

共政会のヒットマンではないか、と調べるわけである。

二十一日の朝には、事務所三階のガラス窓に金網を張りつけた。ダイナマイトの投げこみ防止のためだ。

侠道会の森田会長以下六十数人の組員を乗せた十三台の車は、国道2号線を一路、広島へ向かった。途中で、応援の車がさらに四台加わった。

が、広島県安芸郡海田町東海田の国道2号線沿いの山陽新幹線工事現場前の広場で、広島県警特捜本部の検問に捕まった。機動隊員百人がトラック二台でバリケードを築き、道を封鎖していた。

『モーテル一休』前の広場である。

組員全員の身体検査をした。

車のエンジンルームからマットの下まで、一斉点検した。

海田署長が、森田会長に尋問した。

「何しに、行くのか」

「ちょっと、共政会に釈明に行くんです」

「釈明に行くのに、こげんにようけ行くんか。人数が、多すぎゃせんか」

署長は、帰るよう説得した。

その間も機動隊員が、十七台の車を隅から隅まで調べた。

やがて、五十分後、侠道会は、説得を受け入れた。

車内からは、ピストルケース一個、ステッキ二本、木刀一本が押収された。

午後四時前、侠道会組員は、尾道に引き返した。

いっぽう、直接山田殺害を指示した、と見られていた梶山慧十一会副会長は、広島市内竹屋町の事務所に立て籠もった。

友好関係にある米子市の北陽同志会の組員十人をふくむ三十人が、護衛にかけつけた。事務所の窓にベニヤ板を張り、籠城した。


山田久の共政会三代目会長襲名披露は、場所を変え、広島市内高須町三丁目の前田別荘で開かれることになった。

十一月二十三日午後から、二十四日いっぱい、全館が貸し切られた。百五十人分もの料理の予約注文が入っていた。

広島県警は、再三再四にわたり、共政会に厳重注意していた。

「第二、第三の抗争事件が予想されるおりに、披露を行うなどもってのほかだ」

が、共政会は強行することにした。

取持人は、下関の合田幸一組長と決まった。初代山村辰雄山村組組長の兄弟分である。

取持人を決めるに当たり、共政会の幹部や、後見人の間で話し合いが持たれた。その席には、服部会長も出席した。

「二代目の服部武会長の取持人は、神戸の大嶋組の四代目だった。服部さんとは、兄弟分じゃった。大嶋組は、名門じゃ。何しろ、いまは対立しておるが、全国一の山口組も、根っこは、この大嶋組じゃ」

「今回は、誰が適当か」

「やはり、笠岡の浅野さんかの」

「しかし、山田は、ええ合田の親方にかわいがられよったの」

たしかに、山田は、格からいえば理事長なのに、関西二十日会の親分衆や、後見人の合田組長、浅田組長らと、五分五分の話し合いの席に出席していた。どんな格上の親分とも、平気で対等な口をきいてきた。

とくに、合田組長には、とりわけ引き立ててもらった。

宴席で、合田組長が正面に座っている。

「山田、来い。ここへ、座れ」

「親方、それは上座すぎる」

合田が、山田を自分の隣りに座らせようとするたびに、山田は断わった。

宴席には浅野組長、原田副会長もいた。

彼らをさしおいて、合田は、隣りに座らせようとする。

「問題じゃない」

山田は、断わり続けた。

が、本来その席に座るべき立場の者が、合田の隣りに座るのを嫌がった。

「堅苦しいんじゃ、親分の横は。話をせにゃならん。山田、あんたが座ってくれ」

結局、山田が座る。山田は、合田とは忌憚《きたん》なく話ができた。

山田の取持人選定の席でも、その話が出た。合田の名前が、上がった。

出席者全員が、合田に勧めた。

「合田の親方、やっぱりあんたが、それだけ山田をかわいがってきたんじゃけえ、あんたがなればええ。ついでに、最後の仕上げまでしてあげえ」

合田も、異存はなかった。

「ほうか、そんなら、わしがなろう」

合田は、大嶋組四代目から見れば、叔父貴格に当たる。

取持人の格が、取り持たれる者の格を決定する。

山田は、この点においても、服部二代目を凌いだと言ってもよかった。

後見人は、笠岡の浅野真一組長に決まった。

招待状が、全国の組に配付された。

関東の雄「稲川会」からは、二十人の出席が確認された。

関西二十日会に加盟する組のほとんどが出席する。関西二十日会は、関西、中国、四国の暴力団の中で、全国一の暴力団山口組の強圧に苦しむ組が、自分たちの組を守るため組んだ連合のことである。

結局、関東以北の組以外は、全国津々浦々から名だたる親分衆が、広島に集結することになった。

十三日の夜からぞくぞくと、広島に集まってきた。

県警は、厳重警戒態勢を敷いた。

前田別荘周辺には、百三十人の警官を配置した。

それとは別に、二十四日の早朝六時半から警官三百人を動員し、竹屋町の十一会副会長梶山慧の事務所など二カ所を家宅捜索した。正午までに、一十六人が逮捕された。

襲名披露は、関東、関西、中国、九州から二十四団体二百二十五人、共政会組員を入れると、約三百人の幹部や組員が参加した。

前田別荘へ行くには、旧国道のせまい道をとおらなくてはならなかった。また、その道一本しかなかった。

そのせまい道に、暴力団の乗用車が駐車した。外車なので、道路はよけいにせまくなった。早朝から警戒に当たる警官は、組員の車だとわかると、ただちに退去させた。

会場の前田別荘から旧国道にかけ、青い行動服を着、腕章をした共政会組員三十人がトランシーバー片手に行き来していた。

裏山まで入り、敵対する組員がいないかどうかチェックしていた。たがいにトランシーバーで連絡を取り合いながら、会場に入る車をチェックした。

ほとんどの車は、一般市民の車なので、組員に停められると、おそるおそる窓から顔を出した。

襲名披露は、県警の注意で花輪もなく、出席者は、予定の三分の一と少なかったが、開催したことに意味があった。

もし、県警の言うままに披露を中止していたら、山田を襲撃した十一会ら反対派のつけこむままになってしまう。

全国の友好団体の組を招待することにより、山田が、共政会の主流派であることを印象づけることができる。

その分、反対派との対立は、いよいよ深まることとなった。

襲名披露は、一時間遅れの正午過ぎからはじまった。

大広間には、左右に二列ずつ出席者が座った。全員、紋付きに羽織り袴姿である。

正面右手に、服部武二代目会長が座った。山田は、左手に座る。

取持人の合田組長や、後見人の浅野組長が、次々と席についた。

型どおり、式が進んだ。

媒酌人が、口上を述べた。

「ご一統様に一言申しあげます。この盃は、共政会三代目相続の盃でございます。よろしくご見聞願います」

見届け人の見聞が終わり、若い衆のひとりが盃を捧げ、服部会長のもとへ進んだ。

服部会長は、一礼したあと、その盃を三口半で静かに飲み、気持だけ残した。

気持残した盃を、介添え人が、山田の前に運んだ。

媒酌人が、申し述べる。

「山田久氏に一言申し上げます。このお神酒を飲み干せば、すなわち貴殿は共政会三代目継承者と相なります。一家一門の頭領たるもの、つねに何事にも清濁合わせのむ覚悟を持ち、かつ二代目の名を汚さぬよう、努めねばなりません。むろん、貴殿の格の高さはつとに知らるるところでありますが、その持って生まれた格をさらに高め、侠道に精進なされるよう、ここにお願い申しあげます。この盃、一気に飲み干し、懐中深くおしまいください！」

山田は、不自由な左手を庇いながら、盃を飲み干した。そのまま、右手で盃を懐中に入れた。

「それでは、二代目と三代目は席をお代わりください」

媒酌人にうながされ、ふたりは立ちあがった。

「席が変われば、すなわち当代です」

同時に祭壇の両脇の名札がはがされた。

下からふたりの名を、それぞれ入れ替えた新しい名札が現われた。

「まことにつたなき盃事ではございましたが、ここに共政会三代目襲名相続式典はつつがなく終了いたしました」

媒酌人が一礼し、すぐさま一本締めとなった。

この披露には、山村辰雄組長の五十万円、大阪の松田雪重組長の二十万円などを筆頭に合計一千万円の祝儀が集まった。

この式で、正式に山田久は、共政会三代目会長となった。

山田は、さっそく、樋上組幹部の長江勝亮と十一会副会長梶山慧らを絶縁した。

ただちに、関係暴力団に絶縁状をまわし通知した。

長江は、親分の樋上が美能組に殺されたとき、山田が、説得した男だった。

「おまえ、いつまでも、仇をとるとかとらんとか、喧嘩ばかりせんと、ここはひとつ広島のために大きな川に流れて、藪内、坂本、竹野らと兄弟分になって共政会に残ってくれ」

が、長江は渋った。

大阪事件が起きたときも、見舞いに大阪に来るようにという命令に背き、逆に、侠道会のデモンストレーションに加担した。

山田からの絶縁状に対し、長江は抗議した。

「共政会からの絶縁状は、不本意である。共政会三代目山田は、故人樋上実の葬儀も終わらぬ時点で、加害者の二代目組長と樋上組の後継者とを兄弟分にさせ、両者を自分の舎弟として、一挙に呉市内の組織を掌中に収めんとする野望で、言語道断である」

山田は、執念深い蛇や鼠のような相手と戦わねばならなかった。

山田久の兄弟分襲撃殺害事件、激化する内部抗争に打つ手はなかったのか

昭和六十年五月二十五日、山田久共政会三代目会長の妻多美子の弟の清水毅が、十五年の刑を終えて出所した。四十四年十一月十四日、呉の悪名と言われた宮岡輝雄組長殺害の罪で、四十五年に逮捕され、二十八歳のこの年から十五年間、刑務所に服役していた。いまは、もう四十三歳の中年になっていた。

宮岡は、山田と対立する村上正明と兄弟盃を交わし、いずれは、広島をわが天下としようと虎視眈々と狙っていた男であった。清水が服役中、山田は、共政会の三代目会長に就任し、広島の町から銃声を消した。

山田が、名実ともに押しも押されもせぬ親分として磐石の基盤を築き上げている間、清水は、ずっと刑務所に入っていた。

二十八歳の若さで服役したため、若さゆえに娑婆で経験できる楽しい思いを、まったく経験することはなかった。青春は、牢獄の中に閉じこめられ、抹殺された。

服役中の十五年間に、広島の街と共政会は、大きく変化した。

清水は、いわば、現代の「浦島太郎」であった。出所した直後、清水は、羽を伸ばした。刑務所にくらべ、娑婆は、夢のような場所であった。何をしても、何を見ても楽しいことばかりであった。夜ごと、流川、薬研堀の盛り場を練り歩いた。

酒を飲み、女を抱いた。青春が、よみがえる思いがした。

浦島太郎は、娑婆から龍宮城という歓楽境へ行き、娑婆にもどって来た。が、清水は、もどって来た娑婆が、龍宮城であった。

そのうち、恋人ができた。毎晩通うクラブのホステスであった。

清水の通いつめる彼女の店には、新井もたむろしていた。新井組組長であった。清水より四歳年上である。清水と同じく宮岡輝雄殺害計画に加担し、逃亡していた新井の兄であった。

常日頃から、清水は、新井兄弟とは、まったく反りが合わなかった。

清水は、宮岡殺害の一カ月前には、この新井の頭を、出刃包丁で叩き割っていた。

そのうえ、新井は、弟を、ことごとくかばった。

「弟は、宮岡に拳銃を向けとらん。上を向いて一発撃っただけじゃ」

まったく清水ひとりが撃ったように誤解されるようなことを言った。兄弟をかばうのは無理もないが、十五年も服役した清水にとって、弟だけを必要以上にかばう新井の気持がしれなかった。

新井の弟は、いまだに逃亡を続け、刑を受けていないのだ。だが、それは、まだ目をつむれた。

清水が、どうしても腹に据えかねたのは、その呼び方であった。

「おい、毅、こっち来んかい」

「おい、毅、毅」

いちいち、呼び捨てにした。

清水も、娑婆を離れていたとはいえ、いまやれっきとした共政会の幹事長である。山田久会長の義弟でもある。若い衆も、二十人ほど抱えたひとつの組の組長である。そのうえ、自分の恋人がそばにいる。恋人のいる席で、「毅」と呼び捨てにされる。こんな屈辱はない。

十月二十日のその夜も、新井は、清水を「毅」と呼び捨てにした。

清水は、ついに堪忍袋の緒が切れた。

声を荒らげた。

「おう、こらあ、新井、おまえになんでそこまで呼び捨てにされないけんのじゃ。わしゃ、もうガキじゃないんど。おまえも組長かもしれん。ほいじゃが、わしも幹事長ど。おまえが、どれだけ出世したか知らんが、それが、なんぼのもんど」

そう言って、清水は、左手で新井の右頬を殴った。

新井は、吐き捨てた。

「おんどれ！　親分の義弟じゃいうて、ええ気になるな。山田の傘を外れたら、何もでけんいうことを思い知れよ」

新井は、そう言って切れた唇を拭いながら席を立った。

新井は、どす黒い情念をたぎらせていた。

〈このままでは、すまさんど……〉

山田も、日頃から新井の言動を腹に据えかねていた。

清水からこの夜のことを聞いた山田は、言った。

「腐った林檎は、捨てにゃならん。ほいじゃが、毅、おまえも殴りつけることはない」

が、その翌日、新井は、口頭で、共政会本部に対し、宣言した。

「わしは、今日限り共政会を出る」

「さかいとまい」である。逆さまな縁切り、つまり「逆縁」の意味である。これは、博徒の世界では、古来御法度とされてきた。いったんもらった盃は、どんなことがあっても、もらった方から返すことはできないのだ。しかも、山田には、何の挨拶もない。山田は、腹が煮えくり返った。

「毅が殴ったと聞いたんで、少しは、こっちも悪い思いよった。いなげな利権を漁ろうが、少しは、大目に見よう思いよった。ほいじゃが、もう許さん。よおし、そんなら、こっちから絶縁にしたろう。そこまで虚仮《こけ》にされ、黙っとることもない」

十月三十日、山田は、すぐに絶縁状を認めた。

絶縁状は、その日のうちに幹部の手に渡った。

山田から絶縁状を配付されたことを知った新井は、翌日、共政会の古参岩本敏幸組長を訪ねた。

岩本の事務所は、市内光町にあった。

岩本は、旧山村組の中で、山田とは兄弟分であった。山田が、三代目に就任すると、山田の下になるのが嫌で挟を分かち、引退した。

が、その後、競輪、競艇のノミ屋をして生活をしていた。その姿を見るに見かねて、山田が、五十年に、共政会に復帰させていた。

新井は、その岩本から見れば、半目あるいは一目下がりの格であった。

新井は、岩本に切々と訴えた。

「兄貴、もう会のやり方には、わしゃ、ついていけん。ほいじゃけえ、逆縁じゃが、会長には、こっちから縁を切らしてもらった」

岩本は、もともと、よく言えばおとなしい性質、悪く言えば優柔不断な一面があった。

新井の剣幕に辟易しながら、それでも、古参の貫禄を誇りながら諭した。

「変な考えを持っているんなら、やめておいた方がええど。いま共政会に弓を引けば、おマンマが食べられなくなるど。山田という男を、馬鹿にしない方がええ」

岩本は、じつは、毎月一回、市内のスナックに共政会の会員を集め、親睦会を開いていたことがあった。

共政会会員で、自分の昔の弟分を三人から五人と集めた。さらにその者たちの若い衆も呼んだ。

半年前、このことが山田の耳に入った。

山田は激怒した。

「おまえ、何をするんかい。コソコソと。昔みたいにまた、派閥を作るんかい。その派閥が、三代目共政会に喧嘩を売るようになるんど」

岩本は否定した。

「いや、そういう大げさなつもりはない。ただ飲んどるだけじゃが」

「それを、火のないところに煙は立たんいうんよ。百歩譲って、おまえが、何も考えてなかったとしよう。そのとき、おまえに呼ばれて来るやつは、こう考えるはずじゃ。

『この人が、自分らをこうしてかわいがるいうことは、必ず、この人は、自分らに何かを期待しておる。何を企んどるのか』

おまえの行動に他意はなくとも、集まってくるみんなは、おまえの想像以上のことを考える。結果としては、おまえが、岩本派を作ろうと画策しとることになるんじゃ」

「そんなことはない」

岩本は、懸命に否定した。

「まだ、シラを切るんかー」

山田は、右手の甲で、岩本の右頬を殴りつけた。指輪で、岩本の唇が切れた。

岩本は、恐怖を覚えた。

〈この親分は、何を探りにくるかわからん。恐ろしいやつじゃ……〉

岩本は、新井の訪問を受けてからの数分間、そのエピソードを思い出していた。

と、そこに電話が入った。

「はい、岩本組です！」

若い衆は、電話の向こうの声を聞き、さっと緊張した。

「お、親分、山田会長です」

岩本の顔が強張った。

「はい、岩本じゃが。何ですか、会長」

「そこに、新井がいってないか」

「新井なら、いまここに」

岩本は、山田の気迫に満ちた声に圧倒され、ついしゃべってしまった。

新井の顔を見た。

新井は、激しく首を振っている。いない、と言って欲しかったらしい。新井の背中からも、どっと冷汗が吹き出た。

「なにぃ！　新井が来て、何の話をしとる？　新井を絶縁してから、もう一日経っとるんじゃ。その間に話をするとは、何事じゃ。おまえ、いっしょになってから、また、前と同じように何かしようと思うとるんか」

「……」

岩本は、とっさにものが言えなかった。

山田は、たたみかけるように言った。

「よし、何も言えんいうことは、気持がある、ということじゃな。まだ懲りてないんだな。ましてや、絶縁状がまわろていることを知っていながら、新井をそこに入れるいうことは、邪なことを考えとる証拠じゃ。そんなら、おまえもいっしょに絶縁してやる！」

山田は、新井よりも、岩本の態度の方によりいっそう怒りを覚えた。もうどうあっても許しがたい行為であった。人がいい、ということで片づく問題ではなかった。やくざとして、もっともしてはいけない行為であった。

山田は、その翌日の十一月一日、追い打ちをかけるように、岩本への絶縁状を認めた。

『岩本組組長岩本敏幸

右の者、我が共政会の名誉と威信を汚す不逞の族と意志の疎通をはかり、広島の平和を乱すともに、任侠上許し難き行為有りたる為、私の信念を以て、本日限り断固として絶縁。よって、今後当三代目共政会はもちろん、私との縁も無く、今後一切関係ないことを御通知致します。尚、念の為、今後当人との御交際の一切なきよう宜しく御了承の程お願い致します』

山田は、特に、「私の信念を以て」「断固として」という文句を挟んだ。これによって、岩本とは、いっさい話し合う余地はないことを通告したのである。ここまで恩情をかけてやったのに、ここまでの裏切りをするか、という最大級の怒りの表明であった。

山田は、いったん怒りに火が点くと止まるところを知らなかった。涙もろいし、自分の機嫌がよいときは、周りにも温情を発揮した。

しかし、激しい怒りにとらわれたときには、怒りの矛先がどこへ向かうか訳がわからないことが多かった。ただし、わからなくなっても、理性は働いていた。が、ときたま、自分の体の中に理性を飛び越えてしまう部分があることを感じる。そうなったとき、もう待ったがかからなかった。自己抑制が働かないのである。

この岩本のケースは、まさにこのケースである。

〈戦国の世なら、わしの気性は、間違いなく織田信長タイプじゃ。いままで生きとったのが、不思議なくらいじゃ〉

そのころ、新井と岩本に絶縁状が出された、という情報は、またたく間によその県にまで伝わった。侠道会会長の森田幸吉にも、伝わった。

侠道会の幹部で、共政会相談役の門広が報せたのである。門は、岩本や新井のことは、よく知っていた。

門は、全身に入れ墨をしていて、頭にも足の先にまで入れていた。「歩く入れ墨」のような猛者であった。歌も作詞作曲していてレコードも出していた。

絶縁状が出てから、悩みに悩んだ岩本は、門相談役や片山副会長に相談した。まさか、自分に絶縁状がまわされて来るとは、思いもしなかったのである。取り返しのつかないことになったことを後悔した。森田会長も、事態を憂慮してくれた。

門を交え、さらには、共政会の顧問的存在の長老たちにも相談した。

その結果、十一月二日、岩本と新井が、森田会長、門相談役、片山副会長の立会いの下、香川県の高松市内で、関西の長老で共政会の顧問的存在の人物と会った。

今後の対策を協議した。

絶縁状は、解けないものなので、もう会へもどることはできない。

ただ、門や片山が、山田会長に話をし、ふたりが断わりを入れたうえで、堅気になっても生きていけるよう、配慮をしてもらうように持って行くことはできる。

その方向で、話を進めることで、その場はまとまった。

岩本と新井のふたりは、丁重に礼を言った。

ただし、新井には、不安が残った。

岩本は、絶縁されたとはいっても、直接逆縁をしたわけではない。新井を庇うことで、絶縁されたのである。つまり、共政会に弓を引く新井の相談を受け、事務所に招き入れたため、同じく反逆者と規定された。だから、新井を切れば、まだ面子は立つ。

が、弓を引いて飛び出ていった新井は、岩本よりは、風当たりが強い。

新井は、高松から帰りの車の中で、横に乗った岩本の方をちらちら見やりながら、これからの身の持って行き方を思案していた。

車の中は、新井と岩本のふたりだけになった。

新井は、探りを入れるように言った。

「ちょっと寄って、いいですか」

「どこへ?」

「兄貴の事務所」

「ああ」

岩本は、新井が何を言いたいのか、あらかたわかっていた。

事務所へ寄るなり、新井が切り出した。

「兄貴、わしを舎弟にしてください。お願いします」

「うーん」

岩本は、うーんと捻ったまま、目をつぶって考えこんでしまった。

岩本と新井が話し合い、共政会に謀叛をくわだてるかもしれないということは、山田には予想できた。下手をすると、何人かが犠牲になるかもしれない。

が、戦争は、対内的にも、対外的にも、デメリットである。

〈この腐った林檎は、早いとこ外に捨てんといかん。そうせんと、周りの林檎まで腐らしてしまう。あいつらにしても、ここまで来たら、堅気になって、しかも、ある程度シノギをしていければ、その方がいいはずだ。問題は、血気にはやる若い衆を、どう扱うかじゃ。やつらは、話をしてもわからんじゃろう〉

山田は、その調整役を、門や片山に頼むことに決めた。

十一月二日の夜、高松から呉の自宅に帰ったばかりの門に電話を入れた。

「相談役、あんたが、うまいように、調整してくれんですかいの」

「どうしたらええですか」

「何とか、岩本を説得して、あんたが、あんたの車に乗せて、わしのところに連れてきてください。そこで、断わりを入れさせて、それで、おしまいにしようや」

「うまいこと行くかな？」

「ただ、ちょっと……」

「何ですか」

「新井が、癌じゃわい」

「ああ、岩本も、武士じゃったら、自分を頼って来られたら、無下に断わり切れんかもしれん」

「岩本の、その弱ぁい、人のええところが、くせものなんじゃ。共政会本体の首をしめることになりかねん」

「岩本が、そこをよう辛抱して、冷たくできるかじゃね」

「すべて、あんたにまかすから」

門は、その翌日の十一月三日から、山田の黄金山の中腹にある家に泊まりこんだ。

〈呉からいちいち行ったり来たりしとっては面倒じゃ。話は長引くど……〉

案の定、すんなりとはいかなかった……。


岩本に接近し、岩本を頼りにしようとしている新井も、必死である。いま、ここで絶縁された同士がくっつくから強いのであって、分断させられたら、終わりだ。

新井は、三日の夜、ひそかに岩本に電話を入れた。

「うちの若い衆は、何か事あるときは、すぐに行動をともにする覚悟です。兄貴、いますぐ、わしを舎弟にしてください。わしらは、兄貴のために闘う」

岩本にも、二十数人の若い衆がいた。新井のところと合わせると、四十人を超える人数になる。

新井組の若い衆は、口々に言い合っていた。

みな、戦闘的であった。

「絶縁になり、このまま指をくわえていても、やくざとして飯を食っていけん。堅気になっても、相手にされん。死ぬだけじゃ。それなら、いっそのこと、共政会と刺し違えて死んだ方がええ。万にひとつ、勝つ可能性がないとは言えん。ジッとしていたら、必ず敗北する。それなら、負けてもともと、刺し違えてやろうじゃないか」

彼らの理屈は、一理ある。

新井は、自分の子分たちの追いつめられた絶望的な心情を代弁し、岩本にぶつけた。

岩本は、電話の向こうで、唸っているばかりだ。悩んでいる様子が、眼に見えるようだ。

「兄貴、みな、ここまで兄貴を立ててくれようとしているんじゃ。ここはひとつ、引き受けてください」

岩本は、ついに決断を下した。

「よしわかった。みんな来い。いざとなったら、やろう。ほいじゃが、まだどうなったものでもない。ちょっと、時間をくれ」

岩本は、電話を切り、眼をつぶった。

新井は、新井で、不安のためいても立ってもいられなかった。共政会の大幹部たちが、自分や岩本を個別に説得に来る。自分抜きで、岩本ひとりを説得すれば、岩本の性格からいって、岩本は、向こう側に落ちる。

〈そうなると、わしの首は、ない……〉

新井組の若い衆たちは、その日から岩本組の事務所に立て籠もった。

新井の危惧は、当たった。

門や片山ら共政会最高幹部たちは、十一月四日の朝から、入れかわり立ちかわり、岩本の事務所にやって来た。岩本ひとりを応接間に呼び、説得を続けた。二週間も続いた。

門が説得をはじめて十五日経った。十一月十九日になっていた。門は、これが最後だと思い、太い嗄《しわが》れ声で言った。

「のう。岩本、ように考えてみいや。もうここまで来た以上、共政会にはもどれん。そのうえ、本来なら殺されても仕方のないところじゃ。ほいじゃが、世間は、いくらでも広いからのう。呉にも、徳山にも、岡山にも、生きていける場所はある。あんたのような穏やかな人徳なら、堅気になっても、誰かついてくる。堅気の事務所を持つのに、金がいるんなら、貸してやってもええ。残った若い衆は、どこか養子にでも出せばええ。その算段は、わしらがする。ほいじゃが……」

「わかっとる。そのように言うてくれることは、たいへんありがたいと思うとります。しかし、何と言うても、若い衆は、わしらと違う。血の気が多い。それに、相談役はそう言われるけど、絶縁になった人間がどのような運命をたどるか、だいたいわかっております。その気持を考えると、わしも、我がだけよいようにはでけんのです。我がだけの一存じゃ、いけんのです」

片山が、横から助け船を出した。

「そのことじゃ。そのことについては、相談役が、会長に上手に話して、あんたの将来の面倒は、見てくださる、と言うてられる。ほいじゃけえ、ここはひとつ大船に乗った気分で、わしらにまかせてくれんかい」

「それは、はっきり約束してくれるんかいね……」

門と片山は、顔を見合わせた。岩本は、何とか乗ってきたようだ。双方、たがいの眼に、安堵の色を読みとった。

「約束する。絶対約束する」

岩本の気持が、動いた。

「そうですか。ほしたら、わし、山田会長のところに断わりに行きます」

門は、ほっと胸を撫でおろした。

「わかった。ほいじゃ、わしの車で、あんたを連れて行くけえ。日にちが決まったら、電話してくれや」

門は、山田の本宅に泊まりこみ、岩本の事務所との間を着たきり雀のパジャマで往復していた。その間、各所の親分にも、何度か、広島にご足労を願っていた。岩本組を解散した後、若い衆がどこへ養子に行けるか、その見当をつけるためであった。さすがの頑丈な門も、くたくたに疲れ果てていた。

「片山さん。わし、一回、呉の家に帰って来る。パジャマも替えないけんしの」

門は、やっとケリがついたので、安心して呉に帰った。

自宅に辿りつくと、ふらふらと畳に倒れた。体は、鉛を呑んだように重く、疲労の極に達していた。すぐ入院し、点滴を打ってもらった。

門は、ようやく深い眠りについた。

いっぽう、片山副会長には、そのころ、どうしても気になっていたことがあった。十一月二十日の朝が明けるのを待ちかねたように、岩本の事務所に行った。

事務所に立て籠もっている新井のことを、きちんとさせておきたかったのである。

片山は、とおされた応接間で、岩本にきっぱりと言った。

「ガン（岩）ちゃんよ。ちょっとここへ、新井を呼んでくれんか」

すぐに、新井が来た。

片山は、岩本に目配せした。

「あんたは、ちょっとこの場を外してくれ」

岩本は、応接間から出て行った。

片山は、新井と一対一に向き合うと、言った。

「新井よ。わしがおまえにものを言うのは、これが最後ど」

新井はうなずいた。

片山は、懇々と説き続けた。

「ええか、よお聞けよ。わりゃあの、自分から会を出て行って、逆縁をやったんど、のう。それは、おまえは得心でやったんじゃから。それはよかろう。それで結局、いまはどうなっとる？　そのおまえのとばっちりを受けて、岩本という人間が、絶縁になってしもうた。そのうえ、おまえは、ここの事務所に入り込んで、岩本とおまえとふたりして、音を上げとろうが、のう。もし岩本に何かあったとき、おまえはの、どうするんかい。岩本まで、自分のことに引きずりこんで、もし岩本まで殺されたら、おまえが殺したんど。おまえ、そういうことをしたらのォ、どうするんじゃ」

さすがに新井は、肩を落とした。反省しきった声で、しおらしく言った。

「兄貴、言うことありません。すいません。もうその言葉を言われたら、私は、何もありません」

新井は、頑固者でとおっていた。滅多なことでは、人に頭を下げるような男ではない。

その新井が、頭を下げた。

片山は、頭を下げる新井をはじめて見た。

新井は、言葉を継いだ。

「わしも、いまになって考えてみたら、やっぱり、兄貴の言うことを聞いときゃよかったと思いよります。私は、もう、岩本さんの言うとおりにします」

片山は、また岩本を呼んだ。

「ガンちゃん、わし、いま新井と話をした。新井は、岩本さんの言いなりになりますということを、いまはっきり言うたんじゃ。ほじゃけえ、ガンちゃん、あんたがのう、どのようにしてもかまわんのじゃけえ、ここであんたが踏ん切って、一日も早よう、断わりに行けばええんじゃ」

「わかりました。わし、明日、山田会長のもとに、断わりに行きます」

片山は、自分だけが立会いで決まったことを悔やんだ。山田会長から直接頼まれたのは、あくまでも門である。門に報告しなければいけない。

片山は、電話で門の居所を探した。

が、なかなかつかまらない。そのはずである。十一月二十日深夜も、門は、病院のベッドで眠り続けていた。やっとつながった門に、片山は早口で言った。

「総長！　夜分お疲れのところをすんませんねえ。いま、岩本の事務所からです。あっちこっち、探しました。よかった、つかまって……」

門は、小原組総長兼共政会相談役だ。昔から知っている片山は、つい、「総長」と昔の呼び名で呼んでしまうのである。

「なん？　また大事かいね」

「総長、悪いけど、わし、今日はひとりで、岩本の事務所に来さしてもらいました。先にそのことをお詫びします。勝手に進めてすいません。一言総長に断わっておかんといけん思うて。いま、岩本と代わります」

岩本は、門に電話で詫びた。

「総長、お休みのところすんません。わし、決心しました。明日、会長のところに断わりしますけえ、連れてってください」

門は、これで、やっと本当にカタがつくと思い、安心した。

「わかった。わし、車で迎えに行くけえの」

門は、その結果を山田に報告した。

「会長、話はつきましたけえ。明日、岩本を連れて、断わり入れさせます」

山田は、門が言い終わるか、終わらないかに、釘を刺した。

「くれぐれも、岩本や新井に伝えてくれ。『まだ、話はついていないんじゃけえ。うちに来てきっちり話がつくまでは、外に出るな』と」

実際、山田は、口では若い衆に何も命じてはいなかった。が、若い衆の中には、山田の岩本らに対する怒りを理解し、山田を守るため、街に飛び出しているものもいた。もし岩本らが妙な動きをするようなら、いつでも殺してやる、と構えていた。

岩本の眼にも、岩本の事務所の近くをうろついている若い衆の姿が入った。彼らは、まだ、岩本が、明日山田の家に断わりに行くことを知らなかったのである。

岩本は、門や片山が、山田に仲介してくれ、断わりに行けるようになったことで、話はついたものと思っていた。自分の命が狙われていることを、つい忘れていたのだ。

岩本は、背筋に寒いものを感じた。

が、すぐにその考えを打ち消した。

〈もう大丈夫じゃろう〉

これだけ、共政会の幹部が保証してくれたのだ。もう狙ってはいまい。

岩本は、そう思いこむことで、不安から逃れようとした。

岩本は悩んだ。

〈わしひとりの断わりだけでも、これだけの時間が要ったのに、このうえ、新井の面倒まで見るとなると、どうなることか……〉

そのため、門と約束していた時間に間に合いそうもなくなった。

岩本は、早朝、門に電話を入れた。

「ちょっと、用事がでけたんで、明日にしてもらえんじゃろうか」

一瞬、門は、言葉を失した。

〈また、振り出しにもどるんかのォ〉

門は、確かめた。

「明日は、来れるんじゃろのォ」

「はい、大丈夫です」

門は、とりあえず安心した。

岩本は、門に連絡した後、なぜか急に、すべてが片づいた気がした。つい、ふらふらと、事務所の外に出た。自分の組の若い衆や、新井組の五人を連れていた。

昼の一時過ぎである。岩本の事務所のある光町は、昼休みを終えたばかりで、人通りは、まばらだった。

岩本は、久し振りに吸う外の空気に、心地よいものを感じていた。

岩本らは、国労会館ビル一階の喫茶店に入った。

岩本は、岩本用に特別にいれさせた、ひどく薄いアメリカン・コーヒーを啜《すす》った。

今日は、コーヒーの香りが、ことのほか香ばしかった。

チェリーズの歌う「てんとう虫のルンバ」が有線で流れていた。

女性ボーカル松橋厚子の伸びのいい高音が、耳に心地よい。

岩本は、ついうっとりとしていた。

昭和四十年代後半に流行ったこの曲は、息の長いヒット曲である。世代を超えて親しまれていた。

切った張ったの修羅の世界に生きている岩本たちにとっては、およそ縁遠い世界であった。が、岩本は、今回断わりを入れたあと、堅気の世界にもどれるかと思うと、なぜか、急にこの曲が身近なものに感ぜられた。

アメリカン・コーヒーを飲み干すと、岩本は、大きく息を吸った。

そのとき突然、ドアが蹴破られた。男が四、五人、なだれこんで来た。

岩本らのボックス席まで、一直線にやってくるではないか。

男のうちの一人が、叫んだ。

「岩本組か！」

岩本の顔から、一瞬、血の気が引いた。

とっさに、岩本は、上半身を傾かせ、テーブルの下に身を隠そうとした。

男たちは、四人いた。

四人が、一斉に拳銃を構え、発砲した。生白い閃光が、鈍く光った。耳をつんざくような銃声が、次々にとどろいた。

一発は、岩本の側頭部から入り、頭を貫通した。岩本は、後ろにふっ飛んだ。あっけなく絶命した。

岩本の隣にいた新井組の組員も、胸を撃たれ即死。

残りの四人は、肩などに重傷を負った。が、一命は、取りとめた。

店内にいた一般客は、蜘蛛の子を散らすように逃げ去った。逃げ遅れたひとりが、左足に流れ弾を受けた。

発砲した四人は、すばやく店の外に飛び出した。

外からも、店のガラスを撃ち続けた。ガラスは、粉々に砕け散った。

四人は、停めてあった外車に飛び乗った。エンジンを吹かせ、走り去った。

撃たれた四人は、動けなかった。追跡することは、できなかった。

撃った四人の中に、山田章次がいた。章次は、五十八年に山田夫妻の養子になっていた。親衛隊の中でも、山田がもっともかわいがっていたひとりである。

その日午後七時過ぎ、章次と三人の実行犯の組長が、広島東署に出頭した。

銃刀法違反現行犯と、岩本敏幸組長殺害容疑、その他殺人未遂容疑で逮捕された。

東署の担当官は、頭を悩ませた。

「また、内部抗争から抗争がはじまるんかい。いいかげんに、やめてくれんもんかの」

岩本敏幸殺害事件で、共政会の組員の中には、緊張した空気が走った。

当然、岩本組、新井組の残党による報復が、予想されたからである。

あきらかなのは、岩本組長は、亡き人となったが、新井組長は、岩本組長殺害事件直後からくら、すっかり姿を晦《くら》ましたことである。

若い衆も、中心を失い、どうしていいかわからなくなっていた。

相談役の門が、事後収拾に乗り出した。

岩本の直系の若い衆二十数人、新井の直系の十数人は、全員、門のもとに断わりに来た。

「相談役、わしらは、堅気にさせてください」

門は通告した。

「よっしゃ、堅気になれ。その代わり、その証として、ここに、おまえらが持っておる飛び道具を全部持ってこい。ヤッパも、持ってこい」

中には、やくざ稼業にほとほと嫌気がさしたものもいた。彼らには、門がすんなり認めてくれたことが、うれしかった。

この事件は、地元の中国新聞にも一面に出て市民にも大きな衝撃を与えた。

私は、山田会長に、みんなが疑問に思っているであろうことを訊いた。

「岩本さんは、詫びを入れ手打ちをすることに決まっていたのに、なぜ殺したんですか。しかも、岩本さんは、古くからの兄弟分じゃないですか」

山田会長は、首を振り、きっぱりと言い切った。

「絶縁状を出した人間をかばったものに絶縁状を出した。にもかかわらず、態度をはっきりさせていなかった。たしかに、最後は、話がまとまり、断わりを入れに来ることになっていた。しかし、正式な手打ちは、終わっていない。手打ちがすむまでは、何が起こるかわかったものじゃない。ほじゃけえ、正式にきちんと手打ちをすますまでは、どうされようと文句は言えん。手打ちがすむまでは、油断するべきじゃない。ええか。向こうも本気なら、こちらも本気と思わなあかん」

山田会長は、山口組の田岡三代目組長が、ナンバー2の最高幹部菅谷政雄にとった態度を持ち出し語り続けた。

「菅谷組長は、何回も田岡組長に刃向かった。田岡組長は、菅谷をついに絶縁した。が、その後、菅谷組は、大阪市内に看板を掲げ続けた。田岡組長は、そのことを見逃した。田岡組長のふところの深さだ、と誰もが認めた。

田岡組長と菅谷組長との間の問題は、田岡組長も菅谷組長も、結局は、病気じゃったから何も起こらなかった。が、双方ともに元気なら、絶縁状態にあったんじゃけえ、大喧嘩になっとる。親分同士は、何もせんでも、若い者同士は、ぶつかり合う。また、ぶつかり合わないと、相手に対して、こちらの面子が立たん。

その後、山口組が、山口組と一和会に分裂し、血で血を洗う抗争に終始した。それを見るにつけ、わしは、その深い原因は、過去の田岡組長の菅谷組に対する対処にある、と痛感した。中国に、『水に落ちた犬は、打つべし』という諺がある。不利になった相手を、ふたたび勢いづかせてはならない。容赦なく打て、という教訓である。田岡組長の菅谷に取った態度は、水に落ちた犬を打たなかった。田岡組長の態度は、たしかに人間の情の深さという点では、讃えられる。が、田岡組長は、あまりにも情をかけすぎた。あの田岡組長でさえ、情にほだされ、甘い判断をしてしまう。そういう甘さがのちの山口組の緩みや分裂につながった。

ましてや、わしらにおいては、どれだけ甘い判断をしがちなことか。わしも、たしかに兄弟分の岩本には、人一倍の情を持っていた。しかし、わしは、もはやこれだけの組織の長じゃ。情のみでは、岩本を仕切りきらん。ここは、厳しく絶縁すべきじゃ。そして、二度と共政会の看板は、上げさすべきじゃない。

江戸時代にも、元禄時代という太平楽な気分の時代があった。しかし、長くは続かなかった。その後、内部抗争が起き、徳川三百年は、崩壊し、明治維新へと時代が変革されていく。

広島も、十五年も平和が続いた。わしが代を継いでからは、順風満帆じゃ。共政会元禄時代とも言える時が続いた。じゃが、江戸の元禄も終わりを遂げたように、広島の元禄も、長くは続かん。この事件は、岩本には、酷じゃが、ここでケジメをつけとかんと、これからの共政会の緩みにつながり、一和会騒動のようなことが起こらんとも限らんのじゃ」

「狙われてみないと、狙われる怖さはわからない」山田久の義弟射殺は闇の中

山田久共政会三代目会長は、私の取材を受けたとき、幹部たちの前で、山田会長の妻の弟である清水毅幹事長に釘を刺した。

「毅、おまえ、ひとりで飲みに歩いとるが、今後は、ひとりで出歩くんじゃないど」

清水は、昭和四十四年十月、山田が、村上組の組員に狙撃された事件のあと、山田と風呂に入った。

山田の背中を流しているとき、清水は、山田から言われた。

「おまえも見てのとおり、わしがやられたんじゃから、今度は、よその者にやられたら格好ふうつかんど。うちの手でやらにゃ、風が悪いど」

つまり「おれの復讐をするなら、他人の手ではなく、身内のおまえが、手をくだせ」という意味で言ったのである。

その言葉は、以来、ずっと清水の耳底でうなっていた。

〈もしも、会長に危険が迫ったら、会長を救おうとする他人を撃ち殺してでも、必ずや、自分が

会長を守るんじゃ〉

昭和四十五年には、その言葉を忠実に実行した。

山田殺害を指示した村上組村上正明組長と兄弟分の宮岡輝雄組長を射殺した。

その罪で十五年の実刑をくらい、勤めてきた。

清水は、昭和六十年五月二十五日、出所した。

毎晩、毎晩飲み、食い、歩いた。

刑務所で失われた時を求め、あらたな人生を、失われた時の何倍もの濃さで生きようと必死であった。

九月、クラブホステスと結婚した。

それと、自分が好きで飲みに行くのに、ボディーガードを連れ歩くのは悪い、という気がしたのであろう。

山田会長は続けた。

「ええか。カタギは、殺されることはないんど。中小企業のオヤジが、借金で首がまわらなくなり首を吊って死ぬが、ありゃあ、殺されるんじゃない。自分で死ぬんじゃ。ほいじゃが、わしらは、しもうた、思うたときには、この世におらんのど。ゆめゆめ、油断するな」

山田会長は、岩本殺し以来、さらに口を酸っぱくして釘を刺した。

「絶対、ひとりで歩くんじゃないぞ。必ず、護衛をつけて行け。ええか。おまえが、幹事長じゃけぇ言うて、いくら睨みをきかせても、目下のものが、言うこときくのは、そばに、共政会の人間が誰かいっしょにおるときだけど。証人がおるけえ、反抗できんけえのう。が、逆に考えたら、いつも証人がいるときだけ、言うこときくような顔をしとるのかもしれん。それだけ上の人間を信用させておくと、いざそいつを裏切るときには、成功しやすいとも言えるじゃないか」

清水は、笑いながら、聞き流していた。

「会長、そこまで用心深くしておったら、誰も、攻められませんよ。ほいじゃが、どのみち死ぬときは、死にますよ。そこまで、用心深くしていても、あっさり病気で死ぬかもしれん」

横で聞いていた多美子が、清水の膝を叩いた。

「これ殺！　縁起でもないことを言わんといて。うちの人は、必死で糖尿と闘うとるんよ。その前で、なんちゅうことを言うの。謝りんさい。許さんよ」

多美子は、夫の糖尿病が気がかりでならない。清水に言われなくとも、山田本人が、一番痛切に感じていることを知っているだけに、なおさらである。

「いや、これは、言い過ぎてしもうた。義兄さん、こらえてください」

「おまえ、よほど、わしを殺したいようじゃの。わしは、まだまだ死なんど」

しかし、本人の気持とは裏腹に、山田の顔が、徐々に、鶴のように痩せていくのが多美子にわかった。

が、清水は、歓楽の道を突き進んだ。相変わらず、護衛をつけず、ひとりで飲み歩いていた。

昭和六十一年九月十七日午前零時過ぎ、清水は、沖本勲理事長と、広島随一の歓楽街薬研堀の路上を歩いていた。ちょうど、花屋の前をとおりかかった。

じつは、その清水をひそかに尾けて来る若者がいた。

若者は、清水の背後一メートルに近づくと、清水の首筋めがけ拳銃を構えた。

突然、清水の首の真後ろに、高い破裂音が炸裂した。

「パーン！」

清水は、一瞬、何が起きたか、わからなかった。鼓膜が破れたのか、と思った。

眼の前が、真っ暗になった。

痛みもなかった。

ただ、体が、ぐんなりと沈んでいった。

何も見えなくなった。力がなくなり、とても楽になった。

誰かが、耳の後ろで叫んでいるようだった。が、その声は、聞こえなくなった。

トンネルの穴が、ドンドン小さくなっていくようだった。

ついに消えてしまった……。

「幹事長！　幹事長！」

理事長の沖本は、必死で、清水の体を抱きかかえ、揺すった。

だが、清水は、ぐったりしたまま、何の反応も示さなかった。

数メートル先で、男が、一瞬、こちらを見た。が、すぐ眼をそらせ、逃げ去った。

犯人だった。痩せぎすの男で、ハンチングのようなツバつきの帽子をかぶり、眼鏡をかけ、左手には、傘を持っていた。

清水が死んだことをちゃんと確認してから、逃げたのだ。

プロだった。

清水の頭部を、左後方の至近距離から撃ち抜いた。あとでわかったことだが、銃は、モデルガンであった。

沖本は、追いかけようにも、追いかけられなかった。

沖本の他には、誰も人がいない。自分が追いかけたら、清水の手当てをするものがいない。

血が、どくどくと流れ続けている。

沖本は、また呼びかけた。

「幹事長！　幹事長！」

清水は、ピクリとも動かない。即死のようだ。

清水の肩口から前にかけ、血が流れ出していた。顔は、真っ赤な血に染まっていた。

知らない者が見たら、誰かわからないほどだった。

沖本は、清水につきっきりであった。

野次馬が殺到した。三百人はいただろう。タクシーが渋滞しはじめた。

パトカーが、けたたましいサイレンを鳴らしながら、駆けつけた。

共政会の組員の車も、駆けつけた。現場は、パニックに陥った。

清水射たれるの報せは、すぐに山田会長に知らされた。

山田は、自分の耳が、自分の耳でないような錯覚に陥った。

「なにィ！　それは、どういうことじゃ」

山田は、危うく受話器を取り落としそうになった。

報せた若い衆が、受話器の向こうで動転していた。

「それが、私らも、詳しいことはようわからんのです。とにかく、清水幹事長が、撃たれたんです」

若い衆の声が、かん高くひびいた。

「わかった。場所は、どこじゃ。すぐ行く」

「いま調べます」

山田は、いったん受話器を切った。何事が起きたのか、と多美子が起きてきた。

「どうしたのね、お父さん」

山田は、蝋のような真っ白な顔になっていた。

「おまえよォ。毅が撃たれたんじゃ」

「えっええー！」

多美子は、その場にへたりこんでしまった。失神しそうになった。

「冗談じゃろう……」

無理して、笑おうとした。

が、山田の顔は、真剣だった。夫のこんな顔は見たことがなかった。

「まあ、待て。いま情報が入るけん。入るまでどうもできんから、じっとしとれ」

待つ時間の長いこと。山田も、多美子も、その圧迫に耐えきれなかった。

やがて、電話が入った。

「場所は、薬研堀二丁目です」

「生きとるんかい！」

「わかりません！」

「アホッ！　よく確かめい」

山田は、また受話器を置いた。心臓が破裂しそうであった。

多美子に言った。

「おい、とにかく行ってみい！」

多美子は、車を、現場の薬研堀二丁目に走らせた。

車から降りると、血まみれの清水が、沖本に抱きかかえられていた。

多美子が叫んだ。

「毅ィー！　どうしたんねえ！」

沖本が、首を横に振った。

「どしたんね。何か言うて。毅ィー！」

多美子の眼に映る清水の顔は、にこやかに笑っていた。まるで自分の死期を知っていたかのような表情であった。

やがて、救急車がやって来た。その間、六分。救急車は、清水の遺体を、広島大学付属病院まで運んだ。付き添って病院まで行った多美子に、医者が訊いた。

「どうしますか。解剖されますか」

多美子は、うなずいた。

解剖の結果が出た。

弾丸は、左耳の下から撃ち込まれ、脳内を砕き、右前頭部の頭蓋骨の内側で止まっていた。

医者が説明した。

「三〇センチから五〇センチくらいの至近距離から、撃っている。これは、相当なれた人間のやり口です」

犯人の身元は、杳として割れなかった。多美子が、病院から帰って来た。

山田は、まず、多美子に詫びた。

「悪かったのォ、辛抱せえよ」

多美子は、気丈に言った。

「ええよ。私は、ええんよ。あんたこそ、気ィつけてよ」

多美子は、毅もかわいそうだし、山田もかわいそうだ、と思った。

山田は、しんみりと言った。

「わしが、甘やかしたんも悪かった。もうちょっと、締めときゃよかった。ほんとうにかわいそうじゃ。十五年も入っとってのォ。わしが、あいつの立場でも、外に出て遊びたがるじゃろう」

清水のやくざ歴を辿ってみると、何とも悲しい。

昭和三十六年に、若い衆として組に入った。四年後、中堅幹部らしき待遇になった。それから四年間が、小さい権力を行使できた、小さな幸福の時代。

その後、たちまち、十五年間の刑務所暮らしが続く。

帰って来たときが、四十三歳。

ここで、はじめて、まともなやくざ幹部の待遇を味わう。ただし、いっぺんにいい目を見た。うれしくなり、つい飲み歩いた。

用事もないのに、外から電話を入れさせて用事に見せる。刑務所が長いので、みんなが同情のあまり、高級クラブへ連れて行く。最高の待遇を味わわせる。調子にのって、女の子にチップを渡す。ここで、度を過ごした。そのうえ、油断した。なぜ油断したかは、刑務所の空気と娑婆の空気の安全度の違いにあった。

刑務所の中は、どうして、なかなか殺されないようになっている。殺人事件が起きない。逃亡も火事も少ない。三年に一回もあればいい方である。

刑に服しているのに、殺人などして、わざわざ刑を増やす間抜けはいないからである。それに、殺しの道具もない。たとえ喧嘩になっても、周りの囚人仲間が止めに入ってしまう。喧嘩が殺人に発展することは、まずない。

清水は、十五年の服役中、懲罰房行きが、四十回あった。百八十カ月で四十回。つまり、四、五カ月に一回、一年に二回懲罰を受ける。

清水は、刑務所では、有名な懲罰房行きの常習犯だったのである。

こういう刑務所の中の悪人は、えてして、娑婆の悪の感覚から遠ざかってしまう。

清水の悲劇は、じつに、この点にあった。

私が山田会長と清水幹事長の取材を終え、東京に帰って五日後、新聞の夕刊を開いて驚いた。清水幹事長が、射殺されているではないか。

清水殺害の犯人を追って、共政会の若い衆が、地下に潜伏した。いっぽう、清水幹事長射殺の当日、広島県警を、警察庁の暴力団対策官が急遽訪れ、発破をかけた。

「抗争事件が起こるのは、暴力団組織に亀裂が入っている証拠でもある。この機を逃がさず、一気に共政会壊滅に持っていきたい」

たしかに、八月末の時点で、共政会の構成員四百十三人のうち、百五十人までもが、服役、拘置中であった。

義弟で幹事長の清水が、この世からいなくなった。

山田にとっては、とてつもなく虚しいことであった。

〈岩本事件からこっち十カ月、何もなかったからいうて油断した挙げ句が、この様じゃ。身内の弟を殺されてはじめて、喧嘩の虚しさをわかるちゅうのも、因果な稼業ぞ。しかし、岩本事件に火を点けたのは、やはり清水じゃ。火を点けた本人が、一番危ない状態で歩いておったんじゃ。それは、殺されても、何も言えん。わしは、本当に煮え湯をかけられた気分じゃ〉

山田は、清水を殺されたことが、自分や共政会にとっての警鐘だと考えることにした。

「あんたも油断したらいけんよ。毅は、いわば、あんたの身代わりになって殺されたんじゃ。兄思いの弟じゃ、と褒めてやりなさい」

そういう声も聞こえてくる。山田は、広島には、何が起こるかわからない、と思った。

広島県警も、犯人の有力候補を何人か具体的に上げることを躊躇していた。もし、具体的な人間を発表すると、共政会の人間が、殺しに行ってしまう。

いずれにせよ、清水の事件は、幹部にとって、痛切な教訓的実例になった。

「狙われてみないと、狙われる怖さはわからない」

これが、大切な教訓であった。

清水殺害八日後の九月二十五日午後、共政会の沖本勲理事長が、強要の容疑で、広島県警暴力団取締本部に逮捕された。また、服役中の守屋輯幹事長も、沖本と同じ容疑で逮捕された。

県警の狙いは、表向きは、清水殺害のとき、唯一そばにいて犯人を目撃したであろう沖本からの事情聴取であった。しかし、別の狙いもあった。

事情聴取だけなら、何も、二年も前の軽い事件で逮捕することはない。

県警は、山田の周りを切り崩し、山田を孤立させてしまおう、という狙いなのである。

特に、義弟で、ナンバー3の清水を殺され、さらに、ナンバー2の沖本も逮捕された。

次期理事長候補と目されている守屋輯をも、逮捕された。山田は、手足をもぎとられたも同然であった。県警の狙いは、最初から、そこにあったようだ。

山田は、県警の挑戦に、何も応えなかった。ひたすら沈黙を守った。

なお、清水射殺の犯人は、ついに挙がらなかった。岩本事件に絡んだ新井組の連中の復讐か、あるいは、共政会三代目の跡目にからむ射殺か、広島県警は追い続けたが、ついに謎のまま残された……。私は、山田会長に訊いたことがある。

「後継者は、すでに頭にあるんですか」

山田会長は、興味深い答えをした。

「いま網走に長期刑で入っている幹部がいる。もし、その幹部が、ムショボケしとらんかったら、有力な候補じゃ」

私は、思わず訊いた。

「ムショボケ？」

「ああ。ムショの中には、凶器らしい凶器がないんじゃ。木工工場にノミがあるくらいでやの。そのせいで、いつ殺られるかもしれん、という危機感が失われる。二十年もムショにいると、いつの間にか、危機感を失う。ムショに入るときは手のつけられん虎だったのに、猫のようになってしまう。そのうえ、一日も早く仮釈をもろうて出ようとして、看守に媚を売ることまで身に付いてしまう。娑婆に出たときは、使いものにならんようになっとることがある」

私たちの世界と、価値観がまったく逆なのである。

共政会三代目会長山田久は、昭和六十二年十一月六日、五十七歳で永眠した。

四代目共政会会長は、沖本勲と決まった。沖本は、血で血を洗う仁義なき戦いを、嫌というほど見せつけられてきている。沖本の代になって、広島には、かつてのような抗争はなくなった。

なお、五代目共政会会長には、守屋輯が就任した。

長崎市長銃撃事件で世間に訴えようとした「国家と日本人」

これまではやくざの襲撃事件を描いてきたが、行動右翼による長崎市長銃撃事件も番外編として取り上げる。

この長崎市長本島等銃撃事件も、多くの行動右翼の行動指針である「天皇問題」に端を発している。

昭和六十三年十二月七日、長崎市長として三期を務めている本島等が、開会中の長崎市議会で口走った。

「天皇にも戦争責任があると思う」

若島和美は、東京の自分の部屋に来た長崎を本拠とする先代若島征四郎といっしょにテレビを見ていた。そこで、本島が市議会でその発言をしたとニュースでやっていた。

本島市長は、さらに続けた。

「外国の記述を見ても、日本の歴史家の記述を見ても、私が実際に軍隊生活をおくった体験からしても、天皇の戦争責任はあると思います。しかし、日本人の大多数と連合国側の思いによって

（責任を）免れ、新憲法の象徴となった」

しかも本会議終了後、この答弁に関する質問が記者から出た時に答えた。

「天皇が重臣らの上奏に応じて終戦をもっと早く決断していれば、沖縄戦も、広島・長崎への原爆投下も、なかったのは明らかだ」

先代の若島征四郎は、それを聞いてつぶやいた。

「これは、全員集合させないと。長崎に帰らんといけんな」

先代は「全国の同志に申し訳ない。長崎市長にあんな発言をさせてしまった」と詫びながら、統一街宣をしようと地方の民族派に声をかけながら本拠地の長崎まで車で入った。

若島征四郎が具体的な行動に出たのは、市長発言の三日後だった。

「市長の発言は、〝長崎市の恥〟以外の何物でもない」

そこで正氣塾は、まず全国の真の日本人に対して深くお詫びするため、全員が頭を剃ったという。

次に、天皇陛下のご病状が悪化しているとの事情から自粛していた街頭宣伝活動を再開することにした。

十二月二十一日。右翼二六十人、街宣車八十二台が全国から長崎市に集結した。

正氣塾が集った全国の街宣カーを先導したのは、「それぞれがバラバラで活動すると、長崎市民に迷惑がかかるだけでなく、大混乱になる」との配慮からである。

この事件を起こした右翼団体・正氣塾副長の若島和美は、昭和二十四年二月二十三日、長崎県五島列島の新上五島町に生まれた。本名は田尻和美。

若島は上五島で「坊ちゃん」として育った。実家の家業は酒屋。といっても、アルコールだけを商うわけではない。今で言うコンビニエンスストアやスーパーのようなもので、食品や日用雑貨も取り扱っていた。

父親は彼に命じた。

「おまえは大学には行かんでいい。その代わり経理学校に入れ」

酒屋の後を継ぐのに学問はいらない。銭勘定さえできればいい。父親には彼自身の希望など、まったく眼中になかった。

若島は父親の命令に背いた。高校卒業後、のらりくらりと遊び暮らす。経理学校には行かなかった。酒屋の手伝いもまったくしていない。

当時はヒッピーカルチャーの全盛期。若島もその影響をもろに受け、似たような風体で暮らしていた。

そんな生活にも飽き始めていたころ、若島はさすがに一念発起する。

〈これじゃ、いかんな〉

上五島に戻ると、地元の上五島漁業協同組合に入った。漁協で地道に働くうち、若島はうまい商売と出くわす。ハマチの養殖だ。二十代だった若島の目には業者たちがいかにも羽振りよさそうに見えた。

〈この商売は、いいなあ〉

若島は自分でもハマチ養殖に乗り出すことを決めた。漁協には辞表を出す。

彼の人生を変える出会いをもたらしてくれたのは、雀卓だった。

その人物が若島征四郎である。まだ彼がハマチを生業としているころのことだ。

若島征四郎は、昭和十八年七月五日、中国の関東州大連市に生まれる。海星高等学校中退後、院外団に所属して民族主義運動に入る。

先代は当時、福岡で愚連隊の一員だった。彼の第一印象は「変わった男」。月並みではあるが、先代は全身からオーラを放っていた。

彼は後々、先代から多大な影響を受けることになる。先代と知り合わなければ、彼の人生はまったく違ったものになっていたに違いない。

彼がハマチを辞めて数年が経った昭和五十六年四月。先代は、中国南宋末期の軍人、政治家であった文天祥の詩「正気の詩」に触れて感動。

「正気の満ち溢れるところ、厳しく永遠に存在し続ける。

それが天高く日と月を貫くとき、生死などどうして問題にできよう。」

そのようなフレーズをふくむこの詩は、日本でも幕末の志士たちに愛謡されていた。この正気の気風を青少年に伝える目的で正氣塾を創立。

彼が入塾するのは発足から一年ほどたった昭和五十七年である。

彼は先代の人柄と思想に魅入られた。書物をひもとき、右翼について勉強するようになる。

じつは、彼は上五島にいたころから当時の長崎市長・本島等を知っていた。同じ町内に住んでいたからだ。いわば顔見知りの間柄。本島の選挙を応援したこともある。もっとも、彼の「応援」はもっぱら裏に回ってのこと。右翼が表立って政治家や首長の選挙を手伝うわけにはいかない。長崎大水害の救助に動いた折には本島から正氣塾に感謝状が贈られている。

それほど親密だった両者の関係に亀裂が入ったのが、本島市長の天皇責任発言であった。

昭和天皇が崩御され昭和六十四年一月八日に平成と年号が改まってしばらくして、じつは一時期、若島征四郎は、いったん市長に対する矛を収めようと考えたこともあったという。

長崎市のゴタゴタで喪に服している日本中に迷惑をかけてはいけない。そういう気持と、その期におよんでも市長が〝正気〟に戻ってくれると信じたい気持とからである。

その結果、全国の民族派関係者から、「市長から若島征四郎へカネが流れたらしい」などという中傷まであった。

その先代の中傷から、若島和美がなぜ本島市長を攻撃したのか、について若島にインタビューを申し込んだ。

「俺は、本島発言から自問自答を続けた。悩みに悩んで出した結論が、銃撃だったのです」

若島はズバリそう語るや、自分の右翼としての思想をどう磨いてきたのか、から説き起こし、熱っぽく語った。

「当時、日本経済はバブルに浮かれていた。右翼の世界にもその余波はおよんでいた。金目にならない活動はしない。土地や株に投機して大儲けしている人間も少なからずいた。俺はそうした熱狂からは距離を置いていた。右翼としてのあるべき姿が失われていく。何ともやりきれない思いで世の移り変わりを眺めていた」

〈よし、これで目を覚ましてやろう〉

そんな考えもあった。

ある意味、長崎市長銃撃事件はバブルが起こした犯罪という見方もできる。

右翼とはいえ、飯は食わなければならない。一介の浪人者とはわけが違う。では、右翼とは何者なのか。商売人ではない。もちろん、一般人とも違う。政治家でもない。ヤクザとも異なる。

「俺たちは、国の、日本の防人なんだ。俺はそう考えていた。井上日召の影響です」

井上日召は、日蓮宗僧侶としていわゆる近代日蓮主義運動の思想的系譜に連なる。戦前の右翼テロリスト集団「血盟団」、戦後の右翼団体「護国団」の指導者を務めた。

若島和美は本島市長を撃つに当たって、殺す気はまったくなかったという。では、なぜ引き金を引いたのか。

「本島市長は天皇陛下に戦争責任があると言っておきながら、謝っていない。『ごめんなさい』と謝罪の言葉を、口に出して言わせなければならない。そう思ったからだ」

若島は、じつは本島の発言の直後、本島に何度も電話をかけたという。謝罪を要請するためだ。

だが、本島市長が受話器を取ることはなかった。おそらく市議会での発言以来、本島には警察の護衛がついていたのだろう。

若島は、長崎市役所へも何回となく足を運んだ。市長秘書にも連絡している。それでも本島市長を捕まえることはできなかった。

若島は、実は、本島市長発言には裏にやむにやまれぬ事情があったという。これは当時の報道にも出ていない事実だ。談合の問題が明るみに出ようとしていた。仕切り屋としての実務は本島市長の息子が請け負っていた。週刊誌が嗅ぎつけたが、当の彼らがもみ消している。

本島市長は四期目を狙って出馬予定の長崎市長選挙で苦戦が予想されていた。

若島和美の読みでは、落選確実という情勢。そこで苦肉の策を取らざるを得なくなった。保守政治家でありながら、社会党と共産党の支持を取り付けようとしたのだ。談合問題で離れていった従来の支持層の代わりに、左派を取り込んで四選を果たそうともくろんだ。本島発言はいわば計算尽くのものだった。これまでこうした事実はメディアに漏れていない。本島市長はもちろん、もういっぽうの当事者である若島も固く口をつぐんできたからだ。

事件後、メディアや司法は、若島の銃撃を「言論を封鎖した」と指弾した。若島は法廷でこう反論している。

「冗談じゃないよ。言論、言論ってあなたたちは言うけども。言論を封殺したのは誰だ。だから、表現の自由で〝肉体言語〟を使って表したんだよ」

「言論の自由があるんだったら、表現の自由もあるんだよ。それは〝肉体言語〟だよ」

彼は、銃撃を実行する以前に拳銃の訓練もしている。もともと銃器のマニアだという。

船に乗って沖に出て、空き缶を撃った。

「うまいか」と問われれば、自信はないという。

銃撃事件の凶器は「ノースアメリカン」という拳銃であった。22口径だった。決して大きいとは言えない。だが、弾丸にダムダム弾を用いた。この弾は命中したあと、体の中でパンッと弾く。衝撃は大きい。

ただし、若島和美は、決して本島市長を殺す気はなかったという。

「本島市長には、死んでもらっては困る。生き延びて謝罪をさせなければならない。失敗すれば、俺も死ぬだけ。これが本島市長への俺の『天誅』であった」

若島は平成元年十二月に入ると、姿を消した。周囲の人間とも一切の連絡を絶った。本島市長を狙うためだ。

拳銃はすでに上着の内ポケットに入っていた。手のひらに収まる22口径なら、容易にポケットに入る。

もともとの決行日は、平成二年一月七日を予定していたという。昭和天皇が一年前に崩御したその命日である。この日は、たまたま長崎市の成人式にも当たっていた。

若島は、平成二年一月七日の決行を目指して本島市長をつけ回した。服装は、ごく普通のスーツ姿。ネクタイも締め、毎日下着は真っ白なものを身につけた。「いつ死んでもいいように」という配慮からだ。

特に変装はしていない。目立たぬよう気配を殺して尾行するのは骨が折れた。だが、なかなか機会がめぐってこない。警察の護衛はそれほど固かった。

決行予定日だった一月七日を過ぎても、本島市長の周辺に隙は見られない。

一月十八日の午後三時、警察が警備を解いた。長崎市議会での発言から一年以上が経過。警察もこのへんが潮時と見定めたのだろう。彼にしてみれば、幸運だった。

長崎県警にとって彼は、何もかも知っている相手である。目立つ風体もしている。まさかその彼が本島市長を撃つとは警察も思っていなかったのだろう。

午後三時過ぎ。待ちかねていた本島市長が長崎市庁舎を出てきた。

午後一時から市役所前の銀行の入り口にいた若島は、本島に話しかけようとした。

が、周りに人がいてできなかった。

若島は、車に乗ろうとした本島市長に背後から近づいた。殺すつもりがないなら、足でも狙えばいいと思うだろうが、撃ち損じればその向こうには通行人がいる。足に当たったとしても、跳ね返った弾が関係ない人に当たるかもしれない。間違いなく撃てる場所は、本島市長の肩しかない。

若島は、そこで、本島市長の肩を狙って引き金を引いた。

しかし、弾丸は肩を外れた。その下の肺を貫通してぽろっと外に出てきた。引き金を引く指に力を入れ過ぎ、銃の保持が崩れて照準がズレてしまったのだ。いわゆる「ガク引」と呼ばれる現象だ。

「ううッ」

本島市長は呻きながら、その場にうずくまった。

若島は、思わず本島に声をかけた。

「市長、大丈夫か?」

答えはない。

若島は、車に駆け寄った。銃声と本島市長のただならぬ様子に多くの人が集まってくる。

生きて「あの発言は、日本人として、人間として間違いでした」と言ってほしかった。

矛盾していると思われるかもしれないが、もしそのまま死なれると、本島市長は「悲劇の英雄」になってしまう。

若島に、殺意はない。だが、本島市長が絶命するようなことがあれば、若島は自ら命を絶つつもりだった。現に殺しの道具である拳銃は所持しているのだ。弾丸は一発しか使っていない。弾倉にはあと四発残っている。その気になれば、いつでも自決は可能だ。

若島は、拳銃を胸にしまいこみ、現場から素早く離れた。

三時半には、ホテルに入った。彼はたばこを吸いつけたあと、テレビの電源を入れた。本島市長の容体が気になっていたからだ。

だが、テレビは事件を報じていない。

仕方なく冷蔵庫からビールを取り出した。キリンのラベル。それしかなかった。

着替えたあともブラウン管に目をやり続けた。だが、ニュースは映らない。

この時点まで若島は先代の若島征四郎をはじめ、正氣塾の面々には一切連絡を取っていない。

若島の犯行は誰も知らなかった。

若島はふと思いつき、部屋の電話に向かった。先代宅の番号をダイヤルした。呼び出し音が続く。誰も出なかった。

事件について事前に自分から打ち明けるつもりもなかった。だが、先代夫人は気づいていたかもしれない。

事件の前、若島は先代の自宅を訪ねている。「若島のお婆ちゃん」と呼ぶ先代の母親に線香を上げるためだ。「これで最後かもしれない」との思いは胸にしまっておいた。が、先代夫人は、彼の雰囲気からただならぬ様子を嗅ぎとっていたかもしれない。

逮捕劇はあっけないものだった。午後八時、若島が籠っていたホテルに警察が乗り込んできたのだ。若島は身柄を拘束され、長崎署に連行された。

事件には後日談がある。若島が撃った弾は本島市長の肺を貫通した。病院に運び込まれた本島市長は肺の検査を受ける。そこで初めて肺の病気が見つかったのだ。本島市長には自分が肺を病んでいる自覚はまったくなかった。いわば銃撃のおかげで持病を発見できたわけだ。若島は、この事実を取り調べのさなか、警察官から聞いている。

「肺をやられたけど、あれは元気だったぞ」

若島は、警官の言葉を何とも言えない気持で耳にしたという。

銃撃事件で若島を逮捕し、若島と向き合った長崎県警の刑事は、事件そのものよりも、本島市長が働いてきた悪事について聞きたがった。

若島は、そのたびにこう反論している。

「俺は本島に天誅を加えた。相手を傷つけている。それなのに、その男の悪口なんか言えるか。

この野郎！」

若島の動機など、二の次三の次だった。県警は本島市長の談合に関わる逮捕も視野に入れていたのではないか。若島は今でもそう確信している。

警察の執拗な取り調べにもかかわらず、若島は本島市長の談合については口を割らなかった。銃撃した相手はあくまで称えなければならない。そうしないと、撃った側である若島の値打ちが下がってしまう。

若島は、本島と同郷の右翼として、全国の同志に筋を通しただけだという。

〈これがやれるのは、俺しかいないだろう〉

長崎市長銃撃事件の取り調べで、若島は拳銃の入手経路について執拗に聞かれた。当然のことだろう。だが、ここでも若島は黙秘を貫いた。

起訴されて未決に行くまで、彼への面会は一切許されなかった。「接見禁止」の判断が下されたのだ。長崎拘置所に入った時点で初めて、接見禁止が解けている。

先代夫妻が面会に訪れたのはこのときだ。先代夫人は、若島の顔を見るなりこう叫んだ。

「何で、あんたね？　何であんたが？　お父さん、どうするとね？」

そう言うなり、声を上げて泣き続けた。彼は常に先代の側にいた。先代が最も信頼する男だったと言ってもいい。それが突然姿を消したら、先代はどうすればいいのか――。夫人はそう問い掛けたのだ。

仮に彼が本島市長銃撃を実行する前に先代や夫人に打ち明けていたらどうなっていただろうか。

止められたのは間違いない。正氣塾のメンバーは誰一人、彼の行方をつかめていなかった。まさか彼が本島市長に銃口を向けるとは夢にも思わなかったことだろう。

先代は、彼に戸籍謄本を見せた。

「養子にしたから」

このとき、彼は本名の田尻和美から「若島和美」となった。先代が彼を養子にした真意はわからない。聞いたこともなかった。

「もったいないですよ」

そんな言葉が、つい彼の口をついて出た。おまえの人生は俺が引き受ける。これからは一心同体だ――。先代はそんな思いを形にしたかったのかもしれないという。

裁判で、検察は若島に懲役十五年を求刑した。が、判決は十二年であった。この間、誰も面会には来れなかった。刑務所の所長権限で下された判断である。それだけ若島が危険視されていたということだろう。

若島は、獄中の十二年間で、本はずいぶんたくさん読んだ。

若島は、思想的にも獄中で固まったと言える。

〈もう、これだけ世間を騒がせたんだから。俺にはこの道しかない。一般の人たちに対して、責任を取らないいかん〉

そんな思いが若島を突き動かしていた。

弁護士から手紙が来てわかったことだが、平成五年、正氣塾の代表は若島和美に名義が変更されていた。養子にした時点で先代は若島をいずれは後継者にと考えていたのだろう。若島には何の相談もなかった。これも先代らしい。

代表となった若島和美の元には民事裁判関係の郵便が届くようになった。民事裁判で会社を訴えたりした場合、代表者の私印が必要になる。これは塀の中にいようと関係ない。若島は届いた文書を通じて、塾の仲間がどんな活動をしているのか知ることができた。

塾生の中でも若島和美を後継とすることで合意は図られていたのだろうか。若島は必ずしもそうは考えていない。

〈俺は一人。組織にはこだわらない〉

ここでも一人一党の精神は変わらなかった。

野村秋介、経団連会館襲撃事件と自決事件で世に遺したもの

「河野一郎邸焼討事件」「経団連会館襲撃事件」などを起こす野村秋介は、昭和十年二月十四日、東京都目黒区に生まれた。野村は、名門校である神奈川県立神奈川工業高校を中退し、愚連隊の世界に本格的に飛びこむ。

昭和三十四年一月、不法監禁と銃砲刀剣等不法所持で横浜加賀町署に逮捕、二年の実刑を言い渡され網走刑務所で服役。が、これが野村の行動傾向を右翼的なものにするきっかけとなった。

野村は、網走刑務所へ服役して間もないある日、野村のその後の人生を決定づけることになる青木哲との運命の出会いをする。

青木は、血盟団の井上日召や武装共産党時代の委員長の田中清玄、または自分の師である五・一五事件の三上卓らが師事した山本玄峰老師の流れをくむ禅の修行者である。深く禅の世界に通じていた。

昭和三十六年五月、野村は、網走刑務所を出所した。二十六歳であった。

出所まもなく、野村は、青木哲に連れられて、初めて「昭和維新の歌」の作詞者の三上卓を訪

ねた。野村はこの日、三上卓の俳句に出合うことになる。

「野火赤く　人渾身の　悩みあり」

三上は、いわゆる昭和七年五月十五日、いわゆる五・一五事件で首相官邸に乗り込み、犬養毅首相を暗殺。反乱罪により懲役十五年。

三上門下となった野村は、それから貪るように国家革新運動に関する書物を読むようになった。

昭和三十六年に憂国道志会を結成し、「大悲会」会長に就任した。

私は、「アサヒ芸能」の平成三年十二月五日号の「大下英治の斬り込み対談」で野村秋介と初めて会い、対談した。

私は、多くの行動右翼に取材しているが、野村ほどダンディな雰囲気の人物はいなかった。赤味の強い茶のマフラーが実によく似合っていた。右翼というより俳人としての雅さがあった。

なお、私は、野村の『俺に是非を説くな　激しき雪が好き』の句が好きであった。

昭和三十八年七月十五日朝の「河野一郎邸焼討事件」についても語った。

「昭和三十八年の統一地方選挙で河野さんがひどいことをしたの。いったん県連で発行した公認候補証を全部無効にして新しいものを出した。それで自民党神奈川県連がふたつに割れてえらい抗争事件が起きたんですよ。それはそれでよかったんだけど、ぼくは当時、根岸にあった米軍基地の解放運動をやってたんですよ。で、たまたま立会演説会場で河野派の院外団とぶつかるわけです。そのとき、うちのかみさんまで脅されてね、河野に逆らったら、おまえ生きていかれないぞと。

それで、うちのかみさんは田舎に疎開したんですよ。で、こっちも若かったんだね。考えてどうしたらいいかと。ここが勝負のしどころだと。それで、拳銃持って行った。河野さんの家に。本人がいれば、撃ちますよ。

だけど、いないから黙って帰ってくるわけにはいかないでしょう。で、拳銃で秘書に手あげさせて『河野、いるか』て言ったら、いないと。じゃあ危ないから、みんな表に出ろと。で、ガソリン缶をひとつ倒しておいて……。そうするとトクトク、トクトク流れるでしょう。それで、いる人全部出なさいと。

『危険だからみんな表に出なさい』と言ってるときに、うしろをお手伝いさんがサッと逃げるように行ったもんだから『動くな』『動くと撃つぞ』と言ったら、お手伝いさん、腰抜かしちゃったんですよ、油の中へ。で、表にいるやつを呼んで背負わして出させた。それから、ガソリン缶に向かって拳銃をパンパンと撃ったわけですよ。それがすっごい音がするんだよね。ドッカーンと。ずっと流してあったから空気　中に充満してるわけですよ」

そのときの罪は、求刑十五年の判決十二年だった。

そのとき、「経団連襲撃事件」についても訊いた。

野村は、出所後の昭和五十二年三月三日午後四時ごろ、東京都千代田区大手町一丁目の経団連会館を襲った。三島由紀夫の「楯の会」の元会員伊藤好雄、元「大東塾」構成員の森田忠明、西尾俊一の四人であった。四人は、「ＹＰ（ヤルタ・ポツダム）体制打倒青年同盟」を結成していた。

『大下　なんで経団連事件になったんですか。
野村　それも一貫して流れてるんですよ。いまのバブル経済を見ればわかるように、国家というものがないということは社会的な共同意識がないわけで、要するに金だけ儲かればいいいと。
大下　日本株式会社ですね。
野村　そうでしょう。しかし、それでは古代ローマと同じでいずれ滅んでしまう。金で傭兵を使った古代ローマと日本はまったく同じことをやってるわけですよ、いま。
大下　経団連襲撃というのは、どういう形でやったんですか。
野村　まず、ひとりが何も持たないでビルに入ってエレベーターを確保する。次に、ひとりがベレッタ五連発銃を入れたケースを持って入る。次にひとりが45口径の拳銃を持って入る。最後がぼくで、四人がひとりずつ三十秒置きに入って行ったわけです。ただ、ケースを持ってるふたりは絶対ガードマンに呼び止められるから、三人目の男が拳銃押しつけてそのまま入る打ち合わせだった。銃の組み立ても三十秒でやろうと。
大下　三十秒でできるんですか？
野村　はじめはできないです。三分から四分かかります。それをとにかく三十秒でできるようになった。そうしたら、心配したとおり、ふたり目がひっかかっちゃった。三人目も躊躇していっしょに話してるんですよ。困ったなあと思ったけど、ぼくはもうエレベーターに乗ってる。そのとき、ガードマンがぼくの顔を見たんですよ。ぼくが丁重に頭を下げたら向こうも何を勘違いしたのか頭を下げて「どうぞ」と言ったわけなんですよ（笑）。それでスッと入っていった。
大下　そうなんですか。
野村　それからトイレに入って銃を組み立てたら、これが三十秒でできない（笑）。三分以上かかっちゃった。
大下　やはり、興奮してたんですかね。
野村　ええ。人間て興奮するんですよ。それでダッと会長室に入ってダンダーンと二発撃ったんですよ。
大下　当時の経団連の会長は土光敏夫さんですね。
野村　ぼくは実業家としての土光さんは非常に尊敬してるんです。おやじが、土光さんを狙うなんてとんでもないって言うからオレは土光を狙ったんじゃないと。おかげで、それから勘当されましたけどね。』

午後四時半ごろ一一〇番の一報でパトカーが駆けつけた。野村らは、ここで四人を除き七人の女性全員を解放し、会長室の千賀常務らを人質にして会長室ロビーに立てこもった。

午後四時半過ぎ、警視庁捜査員が七階に到着し、フロアを防弾チョッキを着た機動隊員らが固めた。四人側から何の反応もないため午後七時すぎから四人に対する本格的な説得作業が始まった。

野村らは①土光敏夫会長に会わせろ②知り合いの記者に合わせろ、などと要求、事態が進まなかった。

この日、土光敏夫経団連会長は、会議のため大阪に出張中だった。ほかの、植村名誉会長、花村副会長ら幹部の多くは外出中であった。

四人は「武士としての扱いをしてくれれば出てもいい」と態度をやわらげ、午前二時四十分に伊藤は意を決したように言った。

「出よう！」

伊藤らは、散弾銃やピストルなどを大内警部補に渡した。

なお、野村の説得に、平岡瑤子三島由紀夫未亡人も動いている。

野村は、この時、人質にとった経団連職員たちに説明し、次のような檄文を配布している。

《日本の文化と伝統を慈しみ、培ってきたわれわれの大地、うるわしき山河を、諸君らは経済至上主義をもってズタズタに引き裂いてしまった。

環境破壊によって人心を荒廃させ、「消費は美徳」の軽薄思想を蔓延させることによって、日本的清明と正気は、もはや救い難いところまで侵蝕されている。自ら生んだ子供をコイン・ロッカーに平然と遺棄する異常の社会を、君らは、君らが意図したか否かは別として、現実として構築し続けてきた。

営利主義の犠牲となった薬品公害患者の苦悩を、君らは一度でも敬虔に顧みたことがあるのか。

水俣病患者・スモン病患者の心痛に対して、一度でも敬慶な反省をもったことがあるのか。

大昭和製紙等に見られる無責任きわまるヘドロ公害、または瀬戸内海を死の海へと追いたてて

いる現実の大企業体質を、君らは一度でも虚心に直視したことがあるのか》

《すべては日本民族の弱体化を眼目としたヤルタ・ポツダム体制の歴史的呪縛にその源泉を見る。だがしかし、この三十年間に及ぶ戦後体制を最も強力に支えて来た勢力が、金権思想・営利至上主義の大企業体質そのものであったことも韜晦《とうかい》をゆるされぬ事実である。

われわれはかくのごとく断じ敢えてこの挙に及ぶ。

古代ローマは平和を貧ることによって自ら亡んだ。祖国日本が同じ轍を踏むのを座して看過できない。

営利至上主義のために祖国を見失ってはならない。

憲法改正！

安保廃棄！

天皇陛下万歳！》

事件を起こした野村は、懲役六年の実刑判決を受け、再び刑務所に行くことになった。

出所後は、「ＹＰ（ヤルタ・ポツダム）体制打倒」と「日米安保条約破棄」を軸に、反権力の右翼としての思想を強く主張した。

その批判対象は政界・財界からマスコミにも向けられた。

平成三年の年の瀬も押しせまったある夜、野村は、蒲田の焼き鳥屋「八幸」でひとりで酒を呑んでいた。そこへ、何処をどう捜したのか日本青年社の衛藤豊久会長がふらりと現われた。

ふたりは、しばらくとりとめもない雑談をした。

そして衛藤会長が、切り出した。

「野村さん、じつは、ひとつ頼み事があって参上したんです」

「……」

「じつは、来年七月に参院選があります。民族派の現在の情況を打破するためにも、何としても一度勝つ戦いをしなくてはなりません。で、野村さんに出てもらいたいんです。断られるのは承知のうえですが、何とか曲げてひとつ泥をかぶってくれませんか」

野村は、驚くというより、呆れかえった。返す言葉すらなかった。衛藤の言葉を冷ややかに受け止め、また一抹の寂しさを感じた。

〈衛藤さんも、まだ私のことを本当に知ってくれてないのだなあ〉

野村は、軽く笑って返答した。

「冗談だろう」

そこで衛藤も、その場では出馬要請の話を止めた。

が、翌年。平成四年春、衛藤が野村の事務所を訪ねた。

「ぜひにも受けて、起《た》ってくれませんか」

衛藤は、現在の日本の現状を滔々と語り、何が何でも出馬を引き受けてくれ、と長時間にわたって野村を説得し続けた。

野村は、ポツリと聞き返した。

「おれに死ねと言うのか？　おれに、死んでくれと言うのか？」

衛藤は、黙ってうなずき、野村の眼を直視した。野村は、胸中で呟いた。

〈まだ、きみにはおれの真意はわかっておらん。おれが言う〝死〟という言葉の重みはわかっておらん〉

衛藤会長は、三度の説得を行なった。野村は心中、煩悶を繰り返していた。

〈死んでやるか。どこでどう幕を降ろすのも同じことだ。勝てる戦《いくさ》とは思えないが、戦場は草原とは限らない。万一、間違って当選するはめになったとしても、国会も戦場である。昔、少なくとも昭和二十年八月十五日までの日本の政治家は、何事によらず命懸けであった。極楽島の阿呆鳥と化した現代の政治家に、折があったら政治に生命を懸けるとはこういうことなのだと、ささやかでも範を垂れる機会があるならば、それはそれで天命だろう。受けてみるか〉

そして野村は、衛藤に言った。

「そうか。で、民族派右翼を一本にまとめられるのか。それと資金はどうする」

衛藤は一瞬とまどったが、一本化の可能性について縷《る》々《る》語った。資金についても一応の目途は立っているとも断言した。いずれにせよ、全国区で戦う以上、資金はかなり必要になる。衛藤だけに総てを任せるとなれば、それはたんなる傀儡の役を引き受けることになる。万一引き受ける段になったとしても、野村は野村なりに軍資金を集める作業を強いられる。

野村は、衛藤に言った。

「まあ資金のこともさることながら、万一、私が引き受けるとしても、党名・人選等について、私が決定するが、それで承服されるか」

衛藤は、遠くを見る眼をしながら野村に合点した。

「あとは、私がまとめる」

野村は言った。

「私は数日後に、イタリアへ旅立たなくてはならない。その間に、きみは、きみの打つべき手を打ってみてくれ。私は私で、イタリアで考えをめぐらせてみる。いずれにしても命懸けだぜ」

野村は、そう言い残して、妻と、カメラマンの宮嶋茂樹を伴い、シチリア島へ渡った。

野村は、イタリアのフィレンツェへ行った折、あろうことかその街に一軒しかない中国レストランへ食事にでかけて、まったく偶然にロック歌手の内田裕也と出会った。じつはその夜まで、野村は参院選への出馬を必ずしも決意していなかったという。叶うことなら避けようという思いが、どこかにしこりとなって沈澱していた。

ルネッサンス発祥の地での感動には激しいものがあった。ルネッサンス運動は、人間を〝神から解き放つ営為であったが、いま日本は戦後という虚妄の平和主義と、魂なき繁栄という〝神話〟から、どうしても解き放さないと、次の世代の人びとは暗くて長いタイム・トンネルに入らなくてはならなくなる。野村は、いまこそ戦後神話からの解放を目指す、ネオ・ルネッサンス運動を起こさなくてはならぬ、と雷に打たれたような思いに至った。天啓であった。

「よし、打って出る」

野村は、それまで戦闘者として生きてきた。参院選といえども、国会議員になりたいという私欲は微塵もない。あくまでも思想戦の一環として堂々と戦えばいい。そう自分に言い聞かせた。

野村は、フィレンツェから出発した。

日本皇民党二代目党首の大島竜珉は、この選挙に反対であったが、野村が平成四年七月二十六日に参院選比例区に立候補することが決まると、四国での野村遊説に同行した。

さて、公示されて一週間ほど後の七月十五日の朝日新聞には、「週刊朝日」平成四年七月二十四日号の広告が掲載されている。

選挙期間中に発売されたこの「週刊朝日」こそが、のちのち「野村秋介VS朝日新聞社」という対立を決定づけ、野村を自決へと誘導する導火線ともなる。

「週刊朝日」の巻末は毎号、漫画家山藤章二によるブラックアングルという風刺画が載る。ブラックアングルは名物コーナーであり、平成四年七月二十四日号も巻末を飾った。その号は、「風の会」を揶揄する内容であった。イラストでは、『参議院比例区　風の党』という看板の「風」の文字の左側が白抜きになり、あたかも「虱《しらみ》」のように見える。

イラストの中のペンキ屋は、吹き出しでこう言う。

「すみません、ペンキが切れたのであした残りをやります……」

発注者らしき強面の人物らは、ペンキ屋に激怒している。

「コラッ　なめとんのか！　わしら、アレか!!」

「だいたい、左ハシが残るのがおかしい！　どういう書き順なんだ!!」

イラストでは、「風の党」、つまり〝党〟と書き換えているいるが、明らかに「風の会」を暗示していた。

選挙期間中の、特定政党に対する中傷ということから、野村は、朝日新聞社に対する抗議の姿勢を強めた。

野村の抗議文に対し、山藤はすぐ詫びの手紙を送った。

野村からは、返事が届いた。

「貴殿の心情、諒と致しました」

が、野村自身は、それに対し本気で怒っていたのもまた事実であるという。

結局、実際の得票は、二二万一六六〇票であった。

日本皇民党二代目党主の大島竜珉によれば、野村の怒りはおさまらなかったようだ。

野村は、落選後、大島と香川県高松市で飲んだ。野村はその席で、大島に言った。

「見ていてください。朝日との決着は必ずつけますから。自分の生きざまを、見ていてくださ い」

当時大島は、「決着発言＝自決宣言」とまでは考えなかった。が、野村自決後、その一件を振り返れば、その時点で、野村はある種の決意をしていたようだ。

平成四年十月二十九日、「週刊朝日」編集長の穴吹史士と朝日新聞社出版局次長の永山義高、読者広報室副室長の橋本武雄の三人は、赤坂の野村事務所に足を運び謝罪した。

『週刊朝日』平成四年十二月十八日号は、風の会に対する謝罪文を、異例とも言えるスペースで掲載した。

お詫び週刊朝日編集長・穴吹史士

本誌7月24日号「ブラック・アングル」で「風の会」（野村秋介代表）を連想させる「虱の党」という表現がありました。

当時は参議院選挙期間中で、「風の会」は比例区に候補者を立て選挙をたたかっていました。候補者、支援者のなかには、琉球大学名誉教授をはじめ、学者、文化人が名を連ねており、「風の会」とそのみなさんの名誉をはなはだしく傷つける結果となりました。

「ブラック・アングル」が言葉遊びを旨とする欄であるとしても、選挙期間中に公党の中傷につながる表現をとることは、厳に慎むべきで、まことに不適当でした。野村秋介代表はじめ、「風の会」関係者のみなさんにご迷惑をおかけしたこと、また、このようなお詫びの掲載が遅くなったことをあわせて、ここに深くお詫びいたします。

さて、一年前に巻き起こった「虱の党問題」は、平成五年になっても解決していなかった。野村側と朝日新聞社との話し合いは続いていた。その過程で、野村は、解決の条件として公開討論を提案した。

野村は、平成五年五月十二日、朝日新聞社本社で、朝日新聞社出版局長の橘弘道、読者広報室長との会談にのぞんだ。

そこでも野村は、公開討論を要求したが、朝日側は拒否。公開討論を避け、朝日新聞社社長との面談を主張して譲らなかった。

結局、野村と朝日側の話し合いは、平成四年十月二十九日の会談、平成五年五月十二日の会談、同年六月二十六日の朝日新聞社出版局長の橋弘道との会談と続いた。が、ついに両者の溝は埋まらなかった。

そして、最終的な〝和解〟の場としてセットされたのが、平成五年十月二十日であった。その会談も、野村にとっては全面的に納得したあとのものではなかったのである。

平成五年十月二十日は、野村には二大イベントが控えていた。午後零時半から東京・赤坂の全日空ホテルで行われた「新しい時代を担う民族派のシンポジウム」、もうひとつは『さらば群青——回想は逆光の中にあり』の出版記念会であった。それに加えて、裏イベントとして朝日新聞社社長との面談があった。

野村は、シンポジウムの三日ほど前から赤坂の全日空ホテルに宿泊していた。そこで、本を贈呈するジャーナリストの筑紫哲也ら交流のあった人たちに向けて揮毫《きごう》していた。公式な出版日は、二十日だったが、三日ほど前には、見本刷りは上がっていたからである。

平成五年十月二十日午前十一時四十分ごろ、野村秋介は、十八歳になる息子の勇介を伴って朝日新聞本社に到着した。

先着していた松本効三「日本青年旭心団」副団長、また野村最後の著作『さらば群青』の出版元「二十一世紀書院」の辻想一編集長と合流、朝日新聞社本社十五階にある役員応接室に入った。

応対した朝日側の出席者は、中江利忠社長、橋弘道出版局長、穴吹史士『週刊朝日』編集長、山本博昭読者広報室長、蒲宏樹同副室長ら六人であった。

その際、野村は、同日付で発行した自著『さらば群青』を朝日新聞社に贈呈。その著書の帯には「戦闘的ナショナリストの『遺書』」と印されていた。

二十一世紀書院の辻編集長によれば、双方で出席者を紹介し、席に着いた。

そして最初に、朝日新聞社出版局長の橘弘道から発言があった。

「朝日新聞として、今回のトラブルについて全面的にお詫びします」

次いで、朝日新聞社の穴吹史士『週刊朝日』編集長からも謝罪があった。

「申し訳ありませんでした」

朝日側のふたりの謝罪を引き継ぐかたちで、中江社長が言った。

「朝日を代表して、風の会の代表である野村さんはじめ、風の会のみなさん、そして風の会を支援したみなさんに、深くお詫びします」

これに対して、野村はあいさつした。

「全面的に、百パーセント納得したわけではないが、朝日の誠意も感じた。その誠意に対して、日本人として諒とする」

この後、野村は、橘出版局長と松本「日本青年旭心団」副団長を全日空ホテルに送り出した。

「この席の雰囲気もふくめて、いまの結末をシンポジウムで報告して欲しい」

折から、全日空ホテルでは「二十一世紀書院」主催のシンポジウムが開催されていた。橘出版局長が、そこであらためて〝お詫びの文〟を読み上げる予定になっていた。

虱の党問題に端を発した野村と朝日側との話し合いは、一年以上にも及んだが、その内実は必ずしも野村を納得させるものではなかったようだ。

朝日新聞社本社十五階では、懇談が続いていた。

野村は言った。

「竹下元総理が国会喚問で呼ばれたときに、『かかる事態を招いたことは、竹下登、万死に値する』と、こう言いましたよね。万死に値するということは、一万回死ぬということですよ。そうでしょう。いま、日本人の、魂なき繁栄というのは、何が一番いけないのか、何が一番欠けているのかというと、節義をまっとうするということです。万死に値するといったら死ぬべきですよ。せめて議員を辞退するくらいの覚悟がなくて、万死に値するなんて言われちゃ困る。しかし、それは一竹下だけの問題じゃなくて、戦後の日本が、いわゆるまやかしの平和主義を、みなさんも含めて唱えすぎたからなんだ。今回、朝日がとられた措置、それは山本さんに言わせれば、妥当なところだって言われるかもしれんけど、ぼくにはちっとも妥当じゃない」

山本広報室長は答えた。

「いや、妥当と言うんじゃなくて、長い交渉があった末、お互いに納得できるところまで来たんじゃなかろうかというふうに私は思います」

野村は、納得していなかった。

「だから、納得というのは、あなた方ができるんであって、そういうのはちっとも納得しないということですよ、ぼくなんかは。社長さんには、ぼくのことに関してはね、もう初めから『会いましょう』と言ってくれている人ですから、尊敬の念をこそ持っておれ、決して敵対的な考えはないけれども、朝日というひとつの機構に対しては、これは安易に妥協できないな」

　山本広報室長は、朝日側の誠意を訴えた。

「出版局長は朝日新聞社の代表ですから、最終的にきょうシンポジウムに出てお詫びをするわけです。これは、まあ出版局長という名前だけれども、朝日を代表してということです」

　野村は、あくまでも「責任」という概念にこだわった。

「ここでぼくはね、朝日が倒れるか野村秋介が倒れるか、ということを言っているわけです。ぼく自身は、朝日と刺し違える。これは朝日がそれだけ重責を担っているからなんですよ、マスコミの中でね。あなたが事務所に来たときに、『責任を感じますか』と訊いたら、『感じてる』って言いましたね。『深刻に感じてないでしょう』と言ったら、『深刻に感じてる』って言った。そうでしょう。その言葉がね、いま万死に値する罪なわけ。『じゃ腹を切れ』と言いましたよね。『私も腹を切ってやる』と。口舌の徒が百万回しゃべっても、人は聞かない。しかし、命を懸けて戦えば、勝ち負けは別として、言葉は通ずる。ぼくは、そういう生き方をしてきた。そこで、朝日が倒れるか、野村秋介が倒れるか。朝日が倒れるわけないよな（笑）。野村秋介は倒れるとしても、朝日は倒れることはない。また、朝日は倒れてもらっては困る。朝日憎しで言うんじゃないんだ、朝日が社会の木鐸《ぼくたく》としてね、しっかりと日本を指導してもらいたいんだと。まあ、歴史はね、決して逆行しませんから、軍国主義なんて絶対に返ってこないですよ。軍国主義が返ってくるんだったら、ちょんまげ時代も返ってくるの。万葉の時代だって返ってくるんですよ。それをね、あたかも日の丸を掲げると軍国主義が返ってくるような……、いま社長さんがちょっと言われたけどね。『靖国神社のことをどう思いますか』と言ったときにね。『権力が悪用することに関しては困る』と。権力が悪用するというのはどういうことかというと、軍国主義に戻るということでしょう。ぼくは、それは絶対あり得ないんだと。歴史は逆行しない」

山本広報室長は、返答した。

「野村さんと（橘局長が）対談された記録を、まあ、あの中にも詳しく書いて……面白く読ませていただきました。勉強させてもらわなきゃいかんなということで……」

野村は、その場に同行させた息子の勇介を差して言った。

「これは、私の倅ですけどね。私は彼に、男としては少なくとも誇りを持て、男は節義をまっとうしろと。だから、おれの前では決して泣いてはならん。お母さんの言うことは、『はい』と。これだけしか教えてないですよ」

中江社長は、野村がつくった俳句の話をはじめた。

「この間、新潮の増刊号（『短歌俳句川柳101年』）、買いました」

野村は言った。

「あ、どうもどうも」

「あれは解説にもありましたように、たしかに悲憤慷慨があったという意味でね。そのこと以上に、ものの哀れが行間に滲み出てて、……もう、何句も作っておられるんですか。投句はされない？」

「投句しません。たまたま、これを中上健次が見てね、『これはすごい』というふうに言ってくれたことが何かに書いてある。それを、この選者は三十八歳の若い人ですがね、目にとまって、要するに俳句というのは侘びとか寂びとか、そういう軽みのもんだろうと。それが違ったと」

「野村さんから最初にお手紙いただいたときにね、その達筆には……」

「いやいや。刑務所で暇つぶしでね。王羲之をはじめとして、ああいう人たちの書を眺めているのが、とっても心がやすまるんですよ。自分でも、こういう字を書いてみたいなあと思って……。まあ、書家には見せられないんですけどね。自我流で、この題字（『さらば群青』）もぼくが書いたんです」

「自己流でも、やっぱりわれわれには書けないんだろうと思うんですけどね」

「ハハハハ。社長さんは経済畑に勤めていらっしゃったんですか」

「はい、経済部です」

「日本の将来はどうなりますかね」

「経済一辺倒で来てますからね。やっぱり政治……。今後、国際社会の中の日本ということになりますと、精神性をもっと重視してゆかないといけませんですね。相変わらずエコノミックアニマルと言われていますから」

「それでね、結局、今度の政権交代をしたということに、日本人のバランス感覚はすごいなとぼくは感心しました。しかし、どんな政権をつくったところで、コップの中の嵐なんですよ。だって日米安保条約がある以上は、独自の外交政策は、とれないわけですからね。もうひとつは、憲法がある以上は身動きとれない。これはもうどっかで修正しなきゃならないと思うんだな。戦後の政治を悪くしたのは社会党だと思うんですよ。あれが向坂理論、階級闘争論に固執しなければ、政権交代は可能だったと思うんですね。ところが、それを支持したのは朝日なんですよね。朝日を基盤としてね。今日も（シンポジウムに）オブザーバーとして来ていますけどね、國學院大学の大原教授。ああいう人たちの集会や意見は一行も報じない。その代わり、左翼の人たちの集まりは、小さくても大きく取り上げる。そういう傾向がずうっと続いてきてる。だから、本当のことを言って日本のナショナリストっていうのは、大原康男だとか、弁護士の成田健治だとか、清川光秋とか、そういう民族派の人間がいるのに、右翼っていうと宣伝カーという……なんて言いますか、悪材料に使われるから、弁護士や大学教授で『私は右翼です』って名乗る人はいないわけですね。『私は民族派です』って名乗れないんですよ。それをつくってしまったのは右翼自身の責任であると同時に、やっぱしみなさん方が意図的に、社会党を支持し、そしてナショナリティというものを黙殺してきてしまった。そういうようなことのこもごもをね、本当の公の場で（討論）したかった」

「まあ、われわれも国際化時代の幕開けで、ナショナリズムと言いますかね、いろいろ研究資料を作ったり、勉強しなくてはいけないと思っております」

「虱で十分。しかし、虱でも、一寸の虫に五分の魂ですよね」

「まず、青少年が国家というものに誇りを持つ、国家じゃなくてもいいから、自分自身に誇りを持つということ、これが先決だと思うんですよ。持たせるということが。日の丸がいけない、君が代がいけない、靖国神社はいけない、天皇はいけないじゃね。それで『侵略戦争をやりました、すみません、すみませんでした』って言ってたんじゃ、子供たちは一体何に誇りを持つの。ぼくは人間が生きてゆく上で一番大事なのは誇りだと思いますよ。ぼくは、あなた方から〝虱〟って言われたけど、虱で十分。しかし、虱でも、一寸の虫に五分の魂ですよね。虱でも、それだけの根性のすわっている人間がいるんですよ。いま、『ストップ・ザ・エイズ』というキャッチフレーズがあるけど、『ストップ・ザ・ホワイト』をやったのは日本ですよ。それだけだって、大した事業です、歴史的な。そういうことすら、教科書に書いてない。フィンランドだったかな、トーゴー（東郷）っていうビール売ってるの、ねえ。よその国がちゃんと教科書で日本の功績を讃えているのに、日本は日本人でありながら、そういう先人たちの功績を子供たちに知らしめない。韓国の問題もそうです。韓国は日韓友好条約があるにもかかわらず、反日感情を盛んに、感情的にやってますね。じゃあ将来、徹底的に反日感情を持たされた子供たちが大きくなって、本当に日本と韓国が仲良くできるのか……。こういうことはね、何が是で何が非かということは、やっぱり堂々と議論し合って、感情的に日本は嫌いだとか、朝鮮人は嫌いだとかいうようなことは、もうこのへんでやめなきゃいかんと思うんですよ。（過去の歴史を見ても）朝鮮半島というのは、非常に難しい、大切なポジションにあるわけです。だから仲良くしなきゃならないのに、例えば藤尾正行（当時文相）たちが『日本も悪かった、でも韓国にも非があるんだよ』と言ったときに、朝日は徹底的に藤尾発言を封じたですな。今回、社会党の山花なんか、ＰＫＯにあれだけ反対してて、ころっと寝返りをうって、こんどはＰＫＯ賛成だなんて言ってね。ああいう無節操なことをして、『いや個人としては反対だが、閣僚としては賛成だ』なんて言っているでしょう。それに対して、朝日はほとんど批判しないですねえ。自民党の藤尾正行たちが『韓国にも悪いとこがあった』と言ったとき、あんた方はさんざん叩いた。クビまで切らしちゃったんだ。今回、山花がああいういい加減なことを言っているのに対して、なぜ、あなた方はやってくれないの、やらないの。ぼくは非常に不思議でしょうがないんだよね。長くなりましたけど、ともかく青少年たちが誇りを持っていかれる日本にしていただきたい。わかりますか」

山本広報室長は、話を区切った。

「はい。……それじゃ野村さん、みなさんもお待ちでしょうし、また私どもは、いろんな機会に野村さんのお話を伺うということで」

野村は言った。

「山本さんね、ぼくは今日、それほど甘いことで来たわけじゃないですよ。私は、朝日が倒れるか、野村秋介が倒れるかというんで……。命を懸けてやりますよ。それはみんなに言った。だから、それを実行するために来たんです。さりとて、みなさんに危害を加えようと、そういう気持はないんです」

ここで野村は、羽織っていた和装コートを脱ぎ、作務衣の下から二丁の拳銃を取り出した。一、二分の間、緊迫した沈黙のときが流れた。

野村は、語り始めた。

「さっき竹下の話をした。『万死に値する』と言ったら、その代わりに死ぬべきだと。命を懸けると言ったら、命を懸けるべきなんです。戦後ね、そういうことが、そういう風潮が……」

このとき、突然、応接室のドアがノックされ、朝日の社員が入ってきた。

「辻さんに、お電話です」

野村は、厳しい口調で制止した。

二十一世紀書院の辻想一編集長に電話が入ったという。

「いや、いい、いい、いいって！」

そして、その社員を退出させた。

野村の両手の拳銃は、テーブル下の膝の上に移されていたため、社員は気づかなかった。

野村は、続けた。

「そういう責任の取り方というものを、みんなしなくなった。世の中おかしくなった。じゃあ野村秋介が見せてあげる。朝日と刺し違えてやる。しかし、社長さん、あなたはそれなりの誠意を示してくれたのでね」

一、二分の沈黙が流れた。

野村は、同行の運転手に言った。

「おまえ、ちょっとあれ出してみな、祝儀袋。その祝儀袋はな、おまえの結婚式に出てやることができないから、いま渡しとく。それから、あれを出してくれ、封筒。それにちゃんと書いてある。持ってってくれ。今後の会社の……。それから、もう一通は犬塚（博英）に渡して、粛然とフォーラムを終わらせてくれ。わかったな。勇介は、お母さんを守れ。いままではお母さんが、おまえを守った。これからはおまえが、お母さんを守れ。おれは朝日と刺し違える。そうみんなと公約したんだから、公約を守る……」

野村は、朝日側の人間に訊いた。

「皇居はどちらになりますかね」

朝日側の人間が振り向いた窓の方向に、野村が歩いて行った。

同席していた二十一世紀書院の辻編集長によれば、最後に野村が部屋の隅に移動したのは、他の人に流れ弾が当たらないようにという配慮だったという。

野村は、声を張り上げて叫んだ。

「皇尊（すめらみこと）、弥栄（いやさか）！」

「皇尊弥栄！」

「皇尊弥栄！」

続いて古澤に命じた。

「おれの腹に日の丸が巻いてある。中台にやってくれ。男が節義をまっとうするというのは、こういうことだ！」

山本広報室長は、野村に声をかけた。

「途中で申し訳ありませんが……」

「うるさい！　命を懸けている人間の前で、俗っぽい話をするなよ」

その後、一瞬の間をおいて、野村は「ターッ！」という気合をいれ、胸部にあてた二丁の拳銃の引き金を同時に引いた。

パン！

さらにもう一度、乾いた銃声が応接室にひびいた。

パン！

かすかな呻き声とともに、野村の上体が崩れ落ちた。

「ちょっと、医者を呼んで！　医者を！」

「お父さん！」

銃声は二回だったが、野村の体に撃ち込まれた弾丸は三発。最初の銃声は、両手の拳銃を同時に発射したものだった。

腹部を貫通した弾丸が背中から飛び出すのが、同席者に目撃されたという。

午後零時三十七分のことであった。

野村は、次のような遺書を残していた。

朝日は最後まで逃げた。ここまでくれば、民族派として、また一日本男児として節義をまっとうする以外にない。また、わたしの闘いの人生もこの辺が潮時だろう。さらばです。

　惜別の銅鑼は
　　濃霧のおくで鳴る

野村は、意識不明の重体に陥った。享年五十八歳であった。

野村の門下生で野村の大悲会を受け継いでいた蜷川正大は、野村から常々〝相討ち〟の思想を聞いていた。

「巨大な権力や大きな敵と喧嘩をする時は、〝勝とう〟と思うと必ず心に隙ができる。〝相討ち〟でいいんだ。〝相討ち〟なら、大きいほうがダメージが大きいからな。特攻隊だってそうなんだ。だから、〝相討ち〟の思想なら、相手が拳銃を構えたって、ドス一本で戦えるんだ。巨大な権力と戦うときはそれでいいんだ。おれは、それを禅をやりながら学んだ」

また、野村は、相討ちと自己犠牲がセットだとしていた。

「自分の犠牲を伴わない運動は、おれたち一門は絶対に駄目だ。助かろうというのは駄目だ。結果的に助かるのはしょうがないが、命懸けのことをやれ」

蜷川は、自決の謎の謎解きのキーワードのひとつは、野村が尊敬していた作家三島由紀夫だと見ている。野村は、三島由紀夫を強烈に意識し、尊敬もしていた。

蜷川によれば、そもそも野村には、昭和四十五年十一月二十五日の三島事件と三島の死が意味するものが、民族派側の敗北だったとの認識があったという。三島は作家であり、右翼運動家ではない。四十五歳の一文士が右翼以上に攻撃的な行為に打って出たのである。

野村自身、平成五年十月には五十八歳となっていた。三島は、夭折とまでは言えないまでも四十五歳はかなり早い死である。野村は、行動すべき年齢を強く意識していたようだった。身近にいた蜷川は、そう感じている。

しかし、野村も五十八歳ともなれば、三島の自決年齢を十三年もオーバーしている。内心忸怩たる十三年間だったのかもしれない。

また、蜷川によれば、野村が著書出版の区切りに自決のタイミングを合わせるという行動様式も三島由紀夫のそれを意識していたという。

三島は、昭和四十五年十一月二十五日に三島事件を引き起こす前、その日の午前、『豊饒の海』最終回の原稿を新宿区矢来町にある新潮社に渡したのち、「楯の会」の四人とともに午前十一時、東部方面総監部正面玄関に到着するのである。

野村は、蜷川に常々言っていた。

「行いを言葉としてとらえなければいけないんだ。特に、三島由紀夫さんは、あの行いを行動ではなくては、文学者だから、言葉として発したのではないか。だから、民族派の行いというのは、言語、肉体で言葉を発する、肉体言語、というふうに位置づけなければいけないんだ」

野村が言う「肉体言語」は、自身の死を以て若い世代にも伝播した。

そういう意味では、三島由紀夫と野村秋介は、共振や共感を呼び起こす二大振源地と言えるのかもしれない。

あとがき

本書は、拙著の『力道山の真実』（祥伝社）、『美空ひばり―時代を歌う』（新潮社）、『実録・広島やくざ戦争〈上・下〉』（幻冬舎）、『実録・安藤組解散―さらなる戦い〈上・下〉』（徳間書店）、『修羅の群れ―稲川聖城伝〈上・下〉』（幻冬舎）、『昭和、平成秘録〝憂国〟事件の男たち』（青志社）を元に、新規加筆の上、再編集した作品である。

令和元年九月十日　大下英治

大下英治《おおした・えいじ》

1944年6月7日、広島県に生まれる。1968年3月、広島大学文学部仏文科卒業。1970年、週刊文春の記者となる。記者時代「小説電通」（徳間文庫）を発表し、作家としてデビュー。さらに月刊文藝春秋に発表した「三越の女帝・竹久みちの野望と金脈」が反響を呼び、岡田社長退陣のきっかけとなった。1983年、週刊文春を離れ、作家として政財官界から芸能、犯罪、社会問題まで幅広いジャンルで創作活動をつづけている。近著に『渋沢栄一　才能を活かし、お金を活かし、人を活かす』（三笠書房）、『最後の怪物　渡邉恒雄』（祥伝社）ほか、『稲川会　極高の絆　二人の首領』、『昭和、平成秘録　〝憂国〟事件の男たち』、『ＩＴ三国志「超知性」突破する力』、『吉本興業の真実』（小社刊）など、著作は450冊以上にのぼる。

襲撃　裏社会で最も恐れられた男たち

二〇一九年十月七日　第一刷発行

著者――――大下英治
編集人・発行人――阿蘇品 蔵
発行所――――株式会社青志社
〒一〇七―〇〇五二　東京都港区赤坂六―二―十四　レオ赤坂ビル四階
（編集・営業）
TEL：〇三―五五七四―八五一一　FAX：〇三―五五七四―八五一二
http://www.seishisha.co.jp/

本文組版――株式会社キャップス
印刷・製本――中央精版印刷株式会社

ISBN 978-4-86590-090-3